ÉTIENNE HAMÉLIUS

PHILOSOPHIE

DE

L'ÉCONOMIE POLITIQUE

PRÉFACE

DE

M. Th. FUNCK-BRENTANO

Professeur à l'École libre des Sciences politiques.

PARIS

SOCIÉTÉ D'ÉDITIONS SCIENTIFIQUES

PLACE DE L'ÉCOLE-DE-MÉDECINE

4, RUE ANTOINE-DUBOIS, 4

1891

PHILOSOPHIE

DE

L'ÉCONOMIE POLITIQUE

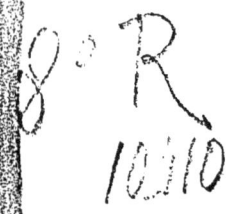

TOURS. — IMPRIMERIE DESLIS FRÈRES

ÉTIENNE HAMÉLIUS

PHILOSOPHIE

DE

L'ÉCONOMIE POLITIQUE

PRÉFACE

DE

M. Th. FUNCK-BRENTANO

Professeur à l'École libre des Sciences politiques.

PARIS

SOCIÉTÉ D'ÉDITIONS SCIENTIFIQUES

PLACE DE L'ÉCOLE-DE-MÉDECINE

4, RUE ANTOINE-DUBOIS, 4

1891

PRÉFACE

Il y a dans l'histoire de la pensée humaine de surprenants retours. Tandis que nous parlons du développement des sciences et des certitudes que donne l'expérience des hommes et des choses, que nous vantons nos progrès sociaux et politiques, que nous ne cessons d'évoquer les grands principes de l'existence économique des États et de leurs civilisations, nous ne cessons pas non plus de faire l'expérience de nos fausses doctrines, de nos illusions décevantes : et cette expérience ramène notre science, à notre insu, des siècles en arrière.

En 1651, Hobbes, dans son *Léviathan*, soutint que l'état naturel des hommes était la lutte de tous contre tous et que la loi, le droit, les institutions, politiques ne provenaient que de la volonté des plus forts les imposant aux plus faibles. En 1672,

Puffendorf réfuta, dans son *Traité de la nature et des gens*, la doctrine de Hobbes, et démontra que les hommes étant des êtres moraux, leur état de nature était la liberté, l'égalité, la fraternité, et que leurs institutions publiques avaient pour fondement une espèce de contrat convenu entre eux. En 1740, Wolf reprit et développa sa doctrine dans son *Droit de la nature et des gens*. En 1758, Formey fit paraître un extrait de ce dernier ouvrage, et, en 1762, J.-J. Rousseau, initié à la doctrine de Puffendorf et ami de Formey, publia le *Contrat social*. Pendant la même période fut fondée à Sienne l'Académie *dei fisiocritici*, dont le président adressa un mémoire au grand duc de Toscane pour lui prouver que la prospérité ne pouvait être rendue aux maremmes siennoises que par la liberté du commerce des grains. De tout cela sortirent nos philosophes et amis de la nature de la seconde moitié du xviiie siècle, dont les opinions, reprises et développées par Adam Smith, à son tour, donnèrent naissance à la grande école des économistes modernes. L'homme est bon par nature et chacun est le meilleur juge de ses intérêts propres ; laissez donc faire, laissez passer ; ni monopoles ni privilèges : la loi de l'offre et de la demande règle d'autant mieux les échanges qu'ils sont plus libres ; et l'affranchissement et la division du travail, la puissance du capital, les bienfaits de la concur-

rence, abaissant de plus en plus le prix de revient
et d'achat des choses, renverseront une à une
toutes les barrières qui séparent les nations, bri-
seront tous les obstacles qui s'opposent à la prospérité universelle.

Tous ces préceptes, M. Hamélius les admet à la
lettre ; mais il s'occupe aussi peu de Hobbes que
de Puffendorf, jugeant qu'ils ont écrit pour les
circonstances et les hommes de leur temps ; les
philosophes et amis de la nature ne lui donnent
pas plus de souci que les *fisiocritici* et leur président de Sienne, qui lui sont inconnus. Il observe
les faits et les hommes de notre temps, étudie les
effets qui dérivent des uns, examine les résultats
des actes des autres, et, au lieu de se traîner sur
les idées philosophiques des siècles passés, il
recherche les principes et dégage la philosophie
tels qu'ils se manifestent dans les faits, les hommes
et les doctrines du moment. Il remonte jusqu'à
l'être de fait et l'être de raison, définit les notions
métaphysiques de l'espace et du temps, trace le
caractère et le rôle des instincts et de la liberté
humaine. Son livre est une synthèse vivante de
notre état économique et social. Cet état est-il
bon ? est-il mauvais ? Ces questions lui sont indif-
férentes. Il est nécessairement tel qu'il est, cela lui
suffit. Une chose, un fait, inévitables, nécessaires,
cessent d'être bons ou mauvais. Il est pour le libre-

échange, mais il admet aussi la protection, puisque
tous deux subsistent. Il signale toutes les formes
de progrès, recherche toutes les causes de puissance et de richesse, mais il montre aussi leur
parallélisme constant avec toutes les causes de
ruine et de misère et — il conclut presque en
chacun de ses chapitres comme Hobbes : il n'y a
qu'un droit, celui de la force. La vie économique
des peuples et des États, c'est la lutte de tous contre
tous. Depuis le moindre échange jusqu'à la conquête et la soumission des peuples ; en toutes choses
c'est le plus fort qui triomphe : salaires, béné-
fices, revenus, rentes, monopoles, crises, guerres.
La lutte pour la vie est la loi de l'existence des
peuples : tant que l'effet utile dépasse l'effet nuisible elle s'appelle progrès, du moment où l'effet
nuisible dépasse l'effet utile, elle se traduit par
pauvreté, misère, décrépitude, déchéance des
familles, des races, des peuples.

« L'homme est un, et son instinct est inhérent à
son organisme comme la pesanteur est le propre
des corps. Pour que la raison agisse, il faut le
vouloir. Jetez une pierre en l'air, vous lui communiquez une force accidentelle qui empêchera au
premier abord la pesanteur de produire son effet ;
mais peu à peu la force accidentelle imprimée à
la pierre se perd ; la pesanteur agit librement, et la
pierre retombe. Ainsi, la volonté ayant cessé de

contrarier l'instinct, celui-ci agira après comme avant. Quant à l'espace et le temps, ils sont tout ce qui est étendu et tout ce qui dure. L'homme n'a aucune action sur eux ; ils constituent la fatalité. Or, la résultante de la raison, de l'instinct et de la fatalité, c'est le droit de la force. L'homme, à tout moment de sa vie, exerce ou subit le droit de la force. L'homme exerce le droit de la force lorsque sa raison est d'accord avec l'acte qu'il pose. L'homme subit le droit de la force lorsque ses instincts le poussent ou lorsque l'action des hommes ou des choses le contraint, en dépit de sa volonté, à poser cet acte. Une nation dans son ensemble n'a ni conscience, ni énergie, ni volonté, car elle n'a pas la raison. Entre un peuple qui se révolte et un fleuve qui déborde, il n'y a pas d'autre différence que celle qui existe entre l'action des instincts et l'action de la pesanteur. Dans les deux cas l'acte est inconscient, forcé, fatal. L'Internationale ou l'association universelle de tous les travailleurs peut arriver à constituer en État, comme toutes les nations, en se donnant une direction, un gouvernement, des lois, et un pouvoir exécutif. Et toutes les nations sans distinction disparaissent dès que l'instinct de production s'affaiblit et que l'instinct de reproduction disparaît, que la volonté des individus s'émousse, qu'ils s'abandonnent à l'action du milieu factice dans lequel ils vivent. »

Telle est la doctrine : notre rôle n'est pas de prendre parti pour ou contre. Nous n'avons qu'à constater, qu'étant donné notre état économique et social actuel, la lutte des ouvriers contre les patrons, des patrons contre les ouvriers, celle des classes entre elles, aussi bien que la lutte des nations les unes contre les autres, peu importe les principes et les doctrines que tous évoquent, est le retour à la doctrine de Hobbes. Il n'en pouvait être autrement. Hobbes, en n'observant que les instincts égoïstes des hommes, oublia leurs instincts d'abnégation et de dévouement, et conclut à la lutte de tous contre tous. Puffendorf et ses successeurs, en faisant de la liberté, de l'égalité et de la fraternité les fondements des relations humaines, méconnurent de même les instincts égoïstes. Et l'ancienne société, en dépit de la doctrine de Hobbes, a continué à se maintenir et à se développer, grâce à ses sentiments d'abnégation et de dévouement, tandis que la société nouvelle, malgré ses théories de liberté, d'égalité et de fraternité, se voit débordée par les manifestations les plus brutales de l'égoïsme. La lutte pour la vie est devenue la loi de notre existence sociale.

Tel est le sort de toutes les doctrines et de toutes les idées incomplètes. Nous avons beau raisonner et agir en suivant des doctrines ou des idées insuffisantes, la vérité s'impose à nous dans ses conditions et ses forces entières par l'expérience douloureuse que nous faisons de nos erreurs et nous ramène à notre point de départ. Hobbes conduit à Puffendorf et à ses disciples, et ceux-ci nous ramènent à Hobbes. Il en est de ce genre de spéculations sociales et politiques comme du premier faux calcul venu. Voici deux hommes, dont l'un prétend que 5 et 3 font 10, et dont l'autre soutient que 6, 3 et 1 font 12: ils se trompent tous deux de la même quantité et commettent la même erreur. Pour eux, le livre de M. Hamélius est une admirable leçon de calcul.

Th. Funck-Brentano.

ÉCONOMIE POLITIQUE

CHAPITRE I

LES SCIENCES, LES ARTS

On appelle *science* toute étude rationnelle des êtres (choses et hommes), faite à un point de vue déterminé et propre à conduire à des généralisations.

Toutes les sciences ont pour but la connaissance des hommes et des choses. Une science ne diffère de l'autre que par le point de vue auquel elle envisage et étudie les êtres.

Les mathématiques ont pour but l'étude des êtres au point de vue de leur nombre, de leur surface, de leur volume. La chimie les étudie au point de vue de leur constitution intime. La physique étudie l'action des choses sur les choses au point de vue de leur forme, place, mouvement, abstraction faite de leur constitution intime.

Les sciences médicales s'occupent des hommes et des choses au point de vue de la vie. Les sciences

1

naturelles étudient les êtres au point de vue de leur constitution, de leur place dans la nature, de leur transformation.

Toute science est une certaine étude de l'action des êtres sur les êtres.

On appelle être tout ce qui existe, c'est-à-dire les hommes et les choses. On appelle choses les corps organisés, animaux, plantes ; les corps pesants, organiques et inorganiques, et les idées.

Les êtres comprennent donc les hommes, les choses vivantes, les choses matérielles et les choses morales ou logiques.

L'*art* est la faculté instinctive de combiner les résultats des sciences pour un usage déterminé.

Le peintre, le sculpteur, le médecin ont besoin de connaître les résultats de la science appelée anatomie, l'un, pour exercer l'art de guérir, les autres, pour reproduire la forme humaine, pour peindre, pour sculpter.

La science est surtout affaire de raison, de logique, de mémoire ; l'art est plutôt une affaire d'instinct, de sensation, d'imagination. C'est une faculté innée plutôt qu'acquise, faculté qu'il est possible de développer.

La science, c'est la théorie ; l'art, c'est la pratique.

Un art a toujours pour fondement une ou plusieurs sciences.

L'art est d'autant plus simple et plus facile que les résultats des sciences sur lesquelles il repose sont plus simples et mieux connus. L'art est d'autant plus élevé et plus difficile que les sciences sur lesquelles il repose sont peu développées.

L'art de peindre est plus difficile et plus élevé que l'art de guérir, parce qu'on n'a pas encore pu déterminer scientifiquement les règles à suivre pour faire un beau tableau, parce que l'étude de l'air, de la lumière, des couleurs, de la sensation visuelle est très incomplète. Les sciences, au contraire, qui servent de fondement à l'art de guérir sont mieux connues.

L'art le plus difficile est la politique, car il n'existe aucune règle scientifique pour diriger et gouverner les hommes, pour s'arranger avec eux, à un moment donné, au mieux des intérêts d'une nation.

Dans tout art il y a au moins une science. Toute science sert de fondement au moins à un art.

CHAPITRE II

L'ÉCONOMIE POLITIQUE

L'*économie politique* est la science qui a pour but l'étude de l'action des êtres sur les êtres, abstraction faire de leur constitution et forme, au seul point de vue de l'*utilité* qu'il en peut résulter pour les hommes.

L'économie politique étudie l'action des climats, des saisons sur l'homme (division du travail), l'influence de l'instruction, des voies de communication, les effets de la production, etc., etc., — action des choses sur les hommes.

L'économie politique s'occupe du travail, des industries, etc., — action des hommes sur les choses.

Elle examine les relations des hommes entre eux, le commerce, la guerre, le gouvernement, etc., — action des hommes sur les hommes.

Enfin, les études économiques portent sur tous

les phénomènes desquels il peut résulter une utilité pour l'homme, — action des choses sur les choses.

L'économie politique est la science de l'utile. Toutes les actions de l'homme et toutes les choses de la nature sont justiciables de l'économie politique, en tant qu'il en peut revenir une utilité aux hommes.

L'économie politique est également un art et a pour but, comme tel, de déterminer les voies et moyens de produire de l'utile.

L'économie-science étudie la situation économique existante ; l'économie-art recherche les améliorations que l'homme y peut apporter. Après avoir étudié les manifestations de l'utile, on peut les combiner pour reproduire de l'utile.

Qu'est-ce qui est utile ?

Tout ce qui peut satisfaire un *besoin* de l'homme. Le besoin est corrélatif d'*instinct*. Il s'agit donc de connaître l'instinct de l'homme et, au préalable, la façon dont il faut procéder pour étudier l'homme.

CHAPITRE III

LA MÉTHODE

Peut-on, en réalité, distinguer les instincts de l'homme? Non, car, en réalité, l'homme est un. L'homme est. C'est une vérité réelle. Dire que l'homme se compose d'un corps et d'une âme, c'est faire une opération de la raison, c'est décomposer une vérité réelle en deux autres, dont l'une, réelle, le corps, et l'autre, une vérité logique, l'âme.

La vérité réelle se constate par les sens, la vérité logique par la raison. Par la raison nous pouvons décomposer toute chose, nous pouvons recomposer toute chose, mais nous ne pouvons rien créer de réel. En d'autres termes, l'analyse est toujours possible, mais la synthèse n'est possible que si l'analyse a donné deux vérités réelles.

Nous pouvons dire que l'homme se compose d'un corps et d'une âme, mais notre pouvoir ne va pas plus loin ; nous ne pouvons pas créer un homme en

prenant un corps d'un côté et une âme de l'autre.
On peut décomposer l'eau en oxygène et en hydrogène, deux vérités réelles, et on peut reconstituer
de l'eau en prenant de l'hydrogène d'un côté et de
l'oxygène de l'autre.

A quoi sert alors l'analyse en tant qu'elle donne
des vérités logiques? Elle sert à démontrer, à expliquer, à comparer, mais elle ne peut et doit pas,
dans ce cas, servir à créer.

Quand je décompose l'homme en un corps et une
âme, ensuite l'âme en raison et en instinct, mon
but est exclusivement de mieux expliquer une vérité
réelle qui est l'homme; je ne puis rien créer avec
les éléments obtenus par l'analyse, parce que ces
éléments, l'âme, la raison, les instincts, n'existent
que comme choses de logique.

L'analyse est toujours vraie, la synthèse ne l'est
que pour autant qu'elle opère sur des vérités réelles.

Étant données deux vérités réelles, on peut conclure à une troisième vérité réelle, et on peut la
produire quelquefois. D'une vérité réelle et d'une
vérité logique on peut conclure à l'existence d'une
vérité réelle, mais on ne peut pas la produire; enfin,
deux vérités logiques ne peuvent donner de toute
façon qu'une vérité logique.

L'analyse, en tant qu'elle ne donne pas d'éléments qui soient tous réels, ne doit servir qu'à

expliquer et à comparer les choses. Ainsi ferons-
nous en parlant des instincts, pour ce qui est de
l'homme, et du temps et de l'espace, pour ce qui
concerne les choses.

———

CHAPITRE IV

LE TEMPS, L'ESPACE

Le *temps* et *l'espace* sont les deux qualités primordiales de toute chose. En réalité, on ne peut pas les séparer des choses ; on ne peut non plus les séparer l'un de l'autre.

Mais par la raison on peut les séparer et les isoler ; alors ils forment des vérités logiques. Comme tels, le temps et l'espace sont illimités. Réunis, ils se confondent toujours avec une chose dont ils constituent *l'étendue*.

Le temps et l'espace sont des étendues.

Le temps est l'ensemble des choses ou parties de chose considérées comme placées l'une après l'autre et des générations d'hommes qui se succèdent.

L'espace est l'ensemble des choses ou parties de chose considérées comme placées l'une à côté de l'autre et des hommes qui existent à un moment donné.

Le temps et l'espace indiquent les qualités de *successivité* et de *simultanéité*, inhérentes à la matière.

Tout ce qui est est précédé et suivi d'autres choses.

Tout ce qui est est environné d'autres choses.

On peut définir toute chose: une certaine portion du temps et de l'espace.

Si le temps et l'espace sont toujours réunis et confondus dans une chose, l'existence matérielle de l'un entraîne toujours l'existence matérielle de l'autre. Donc, tout ce qui a existé à un moment donné a existé à un endroit donné et réciproquement. De même la grandeur de l'étendue comme espace entraîne forcément la durée de l'étendue comme temps.

Toute chose limitée dans l'espace est limitée dans le temps et réciproquement.

La loi générale peut s'énoncer :

Il n'y a pas de simultanéité sans successivité.

Si je prends une pierre, une roche, je remarque qu'il y a plusieurs parties (autant que je veux) qui existent simultanément ; de là, je puis conclure que ces parties se sont formées successivement et qu'elles disparaîtront l'une après l'autre. L'expérience prouve la véracité de l'observation.

Supposez qu'un briquetier, mettant la pâte dans la forme, n'ait besoin que de dix secondes pour faire une brique. Au bout de la troisième seconde il aura aplati la face inférieure de la brique. Au bout de huit secondes les faces latérales seront formées et au bout de dix secondes la brique est sortie de forme. Elle existe. Il a fallu au briquetier plusieurs temps pour faire plusieurs espaces, et il est possible d'indiquer comment les parties simultanées de la brique se sont formées successivement.

Tous les phénomènes, quels qu'ils soient, se passent dans le temps aussi bien que dans l'espace et réciproquement.

Au fond, l'espace et le temps sont deux notions différentes d'une même idée : l'étendue. Si on formule une loi régissant certains phénomènes dans l'étendue comme espace, cette loi sera vraie pour l'étendue dans le temps.

Qu'un phénomène économique présente, par exemple, une série de variations dans l'espace, on déduira, en vertu de la loi de successivité et de simultanéité, que ce phénomène présente des variations analogues dans le temps.

Cette loi sera d'un grand secours dans l'étude des questions économiques, de même que les notions du temps et de l'espace.

CHAPITRE V

LA RAISON, L'INSTINCT

L'homme est un être organisé ou animal à *centre dirigeant*. L'homme possède, ou peut posséder, tous les instincts de tous les animaux ; il possède en outre la *raison*.

La raison est consciente ; les instincts sont inconscients.

La raison est la faculté de l'individu de pouvoir combiner, suspendre, développer, augmenter, renforcer les instincts qu'il a ; mais la raison ne peut pas détruire ces instincts.

Un instinct ne peut être détruit. L'action d'un instinct peut néanmoins être annulée par l'action de l'instinct contraire.

L'instinct est une force *constante* ; la raison est une force *accidentelle*. L'instinct est pour l'homme et, en général, pour tout être organisé ce que la pesanteur est pour tout corps matériel.

Leur action est continue. L'instinct est inhérent à tout organisme comme la pesanteur est le propre de toute matière.

Pour que la raison *agisse*, il faut le *vouloir*.

Pour qu'il y ait une force accidentelle, il faut la produire ; mais l'instinct agit d'une manière continue comme une force constante, comme la pesanteur.

Jetez une pierre en l'air, vous lui communiquez une force accidentelle qui empêchera au premier abord la pesanteur de produire un effet visible ; mais peu à peu la force accidentelle imprimée à la pierre est annulée ; la pesanteur agit librement, et la pierre retombe ; elle revient à l'état dans lequel elle était avant que vous lui ayez communiqué la force accidentelle.

Ayez la force de volonté de ne pas suivre l'instinct qui vous pousse continuellement, vous l'empêchez de produire momentanément son effet, mais vous ne le détruisez pas : la volonté ayant cessé de contra-rier l'instinct, celui-ci agira comme avant.

Jetez la pierre dans un puits, vous augmentez la force de la pesanteur, mais celle-ci aurait produit le même effet : au fond, vous n'avez donc rien changé à la force de la pesanteur par votre force acciden-telle.

Suivez volontairement l'impulsion d'un instinct, vous arrivez plus rapidement au but vers lequel l'instinct vous pousse. Vous renforcez l'instinct, mais vous ne le créez pas plus dans ce cas que vous ne l'avez détruit dans l'autre.

L'action de la raison sur les instincts est plutôt négative que positive, plutôt spéculative que réelle. L'homme doué de mauvais instincts est rarement arrêté par la raison ; l'homme doué de bons instincts peut se passer de l'action de la raison.

La raison sert à reconnaître la bonne ou mauvaise direction des instincts ; elle n'a qu'une influence médiocre sur leur cours.

La raison n'est pas toute-puissante, et l'homme, avec la plus ferme volonté, n'est pas libre de faire tout ce qu'il veut.

Nous avons employé jusqu'ici, après avoir décomposé l'âme en raison et en instinct, ce dernier terme tantôt au singulier, tantôt au pluriel. En tout individu il y a un instinct ; cependant, comme certaines manifestations de l'instinct sont les mêmes chez un grand nombre d'individus, il sera plus commode de distinguer en autant d'instincts qu'il y a de manifestations principales de l'instinct.

Ainsi, nous distinguerons :

L'instinct de la conservation, qui correspond aux besoins de manger, de boire, de dormir, et aux sentiments de défiance, de prudence, de crainte ;

L'instinct de conservation de l'espèce, ou instinct de reproduction ;

L'instinct religieux ;

L'instinct de production ou de création ;

L'instinct d'association ou sociabilité, qui correspond au besoin de vivre en société, aux sentiments d'amitié, de générosité ;

L'instinct de domination, l'ambition ;

L'instinct de destruction ;

L'instinct de connaître ;

L'instinct du changement, etc., etc.

———————

CHAPITRE VI

LIBERTÉ, FATALITÉ, LE DROIT DE LA FORCE, LE BONHEUR

L'homme n'est pas complètement libre. Sa liberté dépend de sa force de volonté et du bon équilibre de ses instincts. Elle dépend en outre des choses et des hommes qui l'entourent; autrement dit, de *l'espace et du temps*.

L'action exercée par l'espace et le temps sur l'homme constitue la fatalité.

Qui dit fatalité nie la liberté.

L'homme n'est pas libre de changer l'espace, les hommes et les choses qui l'entourent, les idées reçues à un moment donné. Il peut exercer une action sur les hommes, les choses, les idées, mais il subit non moins certainement leur influence.

L'homme peut être libre de changer de climat, de milieu, mais il n'est pas libre d'habiter tous les climats, de prospérer dans tous les milieux.

La fatalité fait naître un individu en Europe, il peut aller vivre en Amérique et y prospérer ; la fatalité le fait naître sous l'équateur, il n'est pas libre d'aller prospérer dans la zone boréale.

De même, l'homme n'est pas libre de changer le temps, c'est-à-dire la succession des hommes et des choses.

L'homme peut être libre de diminuer le temps pendant lequel il vit, mais il ne peut pas l'augmenter.

L'homme n'a aucune action sur le temps écoulé, pendant lequel il a vécu, ni sur la période qui a précédé sa naissance.

La fatalité fait naître un individu à une certaine époque, il peut être libre de ne pas voir l'époque postérieure, de se tuer, mais sa liberté ne peut nullement s'exercer en dehors de ces limites. L'homme peut vraiment être libre dans certains cas, mais, généralement, il ne l'est pas.

Il est faux de dire que la liberté est un attribut nécessaire de la raison.

Il est tout aussi faux de dire que la fatalité seule dirige la vie des hommes. La liberté, l'action libre de la raison est possible ; elle existe, entre des limites très restreintes, resserrée entre la fatalité (action de l'espace et du temps) et les instincts.

Cependant une chose règle, à tout moment de la

vie, les actions d'un homme, les plus insignifiantes comme les plus élevées, et les relations des hommes entre eux. C'est évidemment la *résultante* des trois forces qui agissent concurremment sur lui : de la raison (volonté, conscience), de l'instinct (constitution, talents, passions), de la fatalité (action de l'espace et du temps, ou des hommes et des choses).

Il y a un terme pour désigner cette résultante : c'est le *droit de la force*.

L'homme, à tout moment de sa vie, exerce ou subit le droit de la force. L'homme exerce le droit de la force lorsque sa raison est d'accord avec l'acte qu'il pose. L'homme subit le droit de la force lorsque ses instincts le poussent ou lorsque l'action des hommes ou des choses le contraint, en dépit de sa volonté, à poser cet acte.

Pour que l'homme pose un acte, même le plus insignifiant, il faut que l'instinct et la fatalité l'y poussent ou, du moins, ne l'en empêchent pas et que la raison le lui conseille.

La liberté est la faculté d'agir dans tous les cas où l'action de l'espace et du temps n'intervient pas et où les instincts poussent autant dans le sens de l'acte à poser que dans le sens contraire.

Il ne dépend pas de l'homme que ces deux conditions soient toujours remplies ; aussi l'homme jouit rarement de sa liberté d'action.

En langage politique, liberté veut dire : affranchir le plus possible l'homme de l'action du temps et de l'espace (du milieu, des hommes et des choses), l'abandonner le plus possible à l'action de sa raison et de ses instincts.

L'homme qui a toujours le droit de la force pour lui, qui l'exerce plus souvent qu'il ne le subit, est dit avoir du bonheur.

La fatalité le fait naître à l'époque et dans la contrée qui conviennent le mieux à l'exercice de ses instincts ; il possède assez de volonté pour se diriger, pour avoir de l'influence sur les hommes et les choses qui l'entourent, sur les idées du moment ; enfin, l'action de l'espace et du temps, indépendante de son action personnelle, lui est favorable.

CHAPITRE VII

LA NATION, LE PEUPLE

La nation est l'ensemble d'un plus ou moins grand nombre d'individus que la fatalité fait naître sur un certain territoire et auxquels l'action du temps et de l'espace a donné une certaine conformité de mœurs, d'idées, de coutumes, en un mot des instincts communs.

Ajoutez les individus qui se trouvent dans ces conditions et vous aurez la nation. Mais qu'est-ce qui s'ajoute dans cette addition d'individus? Nous avons défini l'homme un être organisé à centre dirigeant.

Additionnez des êtres organisés, vous obtenez un être organisé.

La nation est donc un être organisé et possède tous les instincts de tous les individus qui la composent. La somme des instincts individuels fera la puissance des instincts de la nation.

La nation possède également tous les centres dirigeants de tous les individus. Mais qui dit plusieurs centres dirigeants nie le centre dirigeant unique, et celui-ci n'existe qu'à la condition d'être seul.

Une nation n'a donc pas de centre dirigeant. Elle n'a ni conscience, ni énergie, ni volonté, car elle n'a pas la raison.

Une nation n'est pas libre comme un individu peut l'être; elle n'est pas responsable de ses actes.

Les instincts agissent sur la nation, le peuple et la foule, comme la pesanteur sur la matière. La nation est un être organisé inerte; elle subit aveuglément l'impulsion de ses instincts et l'action de l'espace et du temps.

Entre un peuple qui se révolte et un fleuve qui déborde il n'y a pas d'autre différence que celle qui existe entre l'action des instincts et l'action de la pesanteur. Dans les deux cas, l'acte est inconscient, forcé, fatal.

Livré à ses instincts, le peuple le plus civilisé se comporte comme une tribu de sauvages; les deux exercent et subissent la force, le pouvoir de la même façon.

De nation à nation, de nation à individu les instincts et l'action de l'espace et du temps sont seuls en jeu. Le droit de la force exercé ou subi par la nation est la résultante de ces deux actions ; c'est la force brutale, matérielle qui fait loi.

Un peuple, une nation, ne possédant pas la raison, ne peut connaître de droits ni de devoirs.

Une nation n'est jamais l'obligée d'un individu.

Si un individu fait du bien à la nation, c'est-à-dire s'il lui laisse toute liberté d'agir suivant ses instincts, elle trouve le procédé très naturel.

Mais si l'individu lui fait du mal, c'est-à-dire s'il empêche la libre action des instincts de la nation, celle-ci réagit : elle résiste. Une nation ressent toute contrainte imposée à l'action de ses instincts, mais elle est incapable de juger de la portée d'une mesure qui, dans l'intention de son auteur, doit être favorable aux intérêts de la nation.

La plupart des phénomènes économiques doivent être envisagés différemment suivant qu'il s'agit d'un individu ou d'une nation.

Ainsi, un peuple n'est riche que par les capitaux que lui fournit son territoire et surtout par son travail ; dans la généralité des cas, un individu peut être considéré comme riche quand il possède beaucoup d'or et d'argent.

De même, chez une nation, l'épargne ne peut pas affecter toutes les formes qu'un simple individu est en état de lui donner.

CHAPITRE VIII

L'INSTINCT DE CONSERVATION ET DE REPRODUCTION

CHEZ LA NATION

L'instinct de conservation comprend chez tous les êtres vivants :

1° L'instinct de conservation de l'individu ;

2° L'instinct de conservation de l'espèce ou instinct de reproduction.

Toute nation a l'instinct de sa conservation et de sa reproduction. Mais la nation, contrairement à l'individu (homme, animal, plante) se reproduit de deux façons :

1° En tant que les individus se reproduisent ;

2° Par l'assimilation d'autres individus, familles, nations.

L'assimilation se fait pacifiquement, par la seule supériorité d'une civilisation sur une autre, ou elle se fait par la force brutale, la guerre.

L'annexion, l'invasion, l'immigration, l'émigration, le besoin d'expansion, la colonisation, la conquête, la guerre, enfin la lutte pour l'existence sous toutes les formes sont des effets de l'instinct de conservation et de reproduction d'une nation.

La nation sait d'instinct que tout ce qui occupe beaucoup d'espace peut durer beaucoup de temps; voulant durer, elle cherchera à occuper le plus grand espace possible ; elle essaiera d'anéantir tout ce qui fait obstacle à son expansion. De là les luttes de nation à nation, de parti à parti, luttes qui continueront aussi longtemps qu'il y aura au moins deux nations ou deux partis dans la même nation.

La lutte entre nations est pacifique et économique, ou encore elle affecte la forme de guerre.

Sur le terrain économique et pacifique, le but poursuivi par une nation est la subordination économique, la ruine des autres nations; dans la guerre, c'en est l'anéantissement.

En réalité, la guerre ne discontinue pas entre peuples; la concurrence de nation à nation a ses champs de bataille et fait plus de victimes que la guerre proprement dite.

La lutte sur le terrain économique exige l'immolation de milliers d'ouvriers aux nécessités de la concurrence internationale ; d'un autre côté, elle comporte un grand nombre de faveurs accordées à certains producteurs nationaux au détriment des producteurs et consommateurs de tous les pays. Ces faveurs sont constituées par les douanes et les traités de commerce.

Deux conséquences se dégagent des considérations qui précèdent :

1° Aussi longtemps qu'il y aura plus d'une nation, il y aura des guerres ;

2° Aussi longtemps qu'il y aura plus d'une nation, il n'y aura pas de liberté du commerce.

Les économistes, qui revendiquent la liberté absolue du commerce, poursuivent sur le terrain économique le même but chimérique que la ligue de la paix sur le terrain de la politique internationale.

CHAPITRE IX

L'INSTINCT DE CONSERVATION ET DE REPRODUCTION
DE L'INDIVIDU, L'INSTINCT RELIGIEUX

L'instinct de conservation comprend chez l'homme, comme chez tous les êtres vivants, la conservation de l'individu et la conservation de la race ou reproduction. Mais l'action réitérée de la raison a donné lieu à des développements et des modifications de l'instinct primordial : la civilisation en est à la fois l'effet et la cause. C'est par l'infinité de ses instincts et de ses besoins que l'homme civilisé se distingue du sauvage.

À l'état sauvage, l'homme ne s'éloigne guère, en ce qui concerne les instincts, de la bête qui vit dans le même milieu. Cependant l'homme, à l'encontre de la bête, s'aperçoit, à peine au monde, qu'il ne doit pas l'habiter toujours. L'homme n'a jamais ignoré que toute existence a une fin.

L'individu, arrivé à un âge mûr, sent la vie lui

échapper petit à petit ; sa raison néanmoins se révolte contre l'idée de l'anéantissement; son instinct de conservation proteste contre le sentiment du néant.

Déjà l'homme avait imaginé un être suprême dirigeant les phénomènes qu'il voyait s'accomplir en lui et autour de lui, sans sa volonté et contre son gré. Il conçut auprès de l'être suprême un autre monde où il irait vivre au sortir de l'existence terrestre. Il prolongea la vie au-delà de la mort. Il fit un article de foi de la perpétuité de l'existence.

La mort n'était plus un arrêt, mais une transformation. L'homme qui mourait commençait une seconde vie, éternelle, celle-ci, semblable à l'autre qu'il allait quitter, mais libre de soucis, de fatigues et de souffrances.

L'action de la raison sur l'instinct de conservation peut expliquer le sentiment ou instinct religieux.

Au point de vue de l'économie politique, il y a quelques conséquences à déduire de l'existence de l'instinct religieux.

L'homme à l'état inculte travaille pour sa conservation sur la terre et dans l'autre monde. Chez les peuples primitifs, l'homme qui meurt est censé avoir besoin d'une partie de ses richesses pour la vie ultérieure. On donne au mort des vêtements, de l'argent, les outils et les objets qui lui étaient d'un usage journalier. Dans certaines contrées, si le mort occupait une haute situation, s'il était chef de tribu, on lui immolait ses animaux favoris, ses esclaves, ses femmes.

Chez les peuples civilisés, l'homme travaille encore pour la vie à venir ou du moins pour la satisfaction de l'instinct religieux.

Mais la raison défait facilement ce qu'elle fait; l'instinct religieux, qui est, en quelque sorte, l'œuvre de la raison, se modifie, s'amoindrit suivant l'époque et la contrée.

L'amour de la gloire, l'aspiration à l'immortalité, le respect des morts et même le besoin d'incrédulité qui caractérise certains peuples et certaines époques sont des variétés de l'instinct religieux.

C'est l'instinct religieux qui a poussé l'homme à construire les temples, les tombeaux, les monuments commémoratifs, les statues, etc., toutes choses qui ne peuvent satisfaire d'aucune façon l'instinct de conservation proprement dit des hommes.

Chez les peuples les plus incrédules, le respect des morts a persisté et donne lieu à des travaux dont l'économie politique ne peut s'expliquer le but si elle n'admet pas l'existence de l'instinct religieux.

Les instincts de l'homme, quoique issus de l'instinct primordial de conservation, agissent souvent de façon à contrarier celui-ci.

Ainsi, l'instinct de reproduction, l'instinct religieux
pour n'en citer que deux) l'emportent souvent sur
l'instinct de conservation. L'histoire fourmille
d'exemples où l'instinct religieux a complètement
étouffé l'instinct de conservation.

On peut dire en règle générale que, quels que soient
l'époque et le pays, l'instinct le plus fort et le plus
répandu est celui qui trouve le plus de facilité à se
satisfaire.

Là où l'instinct de conservation est en lutte per-
pétuelle contre les hommes et les choses, l'instinct
religieux, par exemple, est très développé. Quand
la vie est dure, la foi est vivace; dans un pays
pauvre le sentiment religieux est plus développé
que dans un pays riche.

De même, un peuple, à peine sorti de l'état de
nature, sera religieux, qui, parvenu à un certain
degré de civilisation, sera incrédule. Chez un peuple
civilisé, l'incrédulité commence par l'homme riche
et s'étend à mesure que l'aisance devient générale.

Inversement, une religion nouvelle est toujours
créée et propagée par les déshérités des biens de la
terre.

L'instinct religieux fait chercher dans le temps
ce que l'instinct de conservation pousse à chercher
dans l'espace; l'un veut le plus grand bonheur possible en peu de temps, l'autre veut faire durer éter-

nellement le bonheur de vivre, si petit qu'il soit.

Si l'on compare l'instinct de conservation et l'instinct de reproduction, on trouve également des variations dans leur intensité, suivant le temps et l'espace.

L'instinct de reproduction est, en général, prépondérant chez le peuple jeune, l'homme inculte, le pauvre ; l'instinct de conservation l'emporte chez le peuple et l'homme civilisé, enrichi.

CHAPITRE X

L'INSTINCT DE PRODUCTION OU DE CRÉATION

L'instinct de production n'existe pas chez tous les êtres organisés, mais il existe chez beaucoup d'une façon très sensible. Il naît de l'action des choses sur l'instinct de conservation.

L'animal qui a besoin d'une chose pour se conserver ou pour conserver la race crée cette chose. L'araignée se fait une toile; l'abeille, la fourmi, le castor, l'oiseau se construisent des abris adaptés au milieu. C'est l'instinct qui leur apprend à choisir, à assembler les matériaux qu'il leur faut et à édifier le tout, conformément aux exigences de l'individu et de la race.

Chez l'homme, l'instinct de production est également né de l'action du temps et de l'espace sur l'instinct de conservation. Mais cette action n'est pas la seule. Les choses agissent aussi sur la raison, et celle-ci réagit sur l'instinct de création

qu'elle varie à l'infini ; de là, les diverses manifestations de l'esprit humain, connues sous les noms de
production, invention, création, imagination, idéa-
lisation, personnification, imitation, généralisa-
tion, etc.

L'instinct de production a poussé l'homme à créer
les choses matérielles et morales les plus variées,
telles que la divinité, les religions, la philosophie,
les sciences, les lettres, les arts, les langues, etc.,
et une infinité de produits matériels.

Tous les produits matériels et toutes les œuvres
de l'esprit sont dus à l'instinct de création de
l'homme et sont destinés à satisfaire directement
cet instinct et à servir indirectement à la satisfaction de tous les autres instincts de l'homme.

Dans ses productions, l'homme a instinctivement
observé les deux règles suivantes :

1° Toutes les créations morales sont des person-
nifications de l'homme et des choses ;

2° Toutes les créations matérielles gardent le plus
possible les proportions observées sur le corps
humain, sur une partie du corps humain ; elles
imitent et idéalisent toutes les choses qui entourent
l'homme.

Quel que soit le genre de produit que l'homme
veut obtenir, il faut toujours qu'il travaille.

CHAPITRE X

LE TRAVAIL

Le travail en lui-même, ou l'action de travailler, n'est pas un plaisir ni une satisfaction. (Le travail accompli peut procurer une satisfaction.) Le travail est une nécessité, une dure nécessité, à laquelle tous les hommes, poussés par l'instinct de production ou par l'instinct de conservation, doivent se soumettre.

Étant admis que le travail est une nécessité, ni plus ni moins, on ne peut pas le considérer comme un droit ni comme un devoir. C'est un abus de découvrir un côté moral aux choses les plus naturelles, aux faits les plus simples.

Au point de vue psychologique, le travail est une nécessité à laquelle les hommes sont inégalement assujettis. L'un accomplit en jouant ce que l'autre ne peut faire qu'au prix des plus grands efforts. Et le résultat du travail, le produit, n'est nullement en proportion des efforts qu'on a faits.

3

Qu'est-ce que le travail au point de vue de l'économie politique? Y a-t-il plusieurs genres de travail?

Un cordonnier qui coud une paire de souliers, un tailleur de pierre qui façonne un bloc de grès font un travail : ils transforment une matière en chose plus utile que la matière première: ils opèrent un *changement de forme utile sur une chose.*

Un facteur qui distribue des lettres, un armateur qui prend une cargaison, un cultivateur qui ensemence un champ font un travail ; ils transportent une matière et ainsi lui donnent plus d'utilité : ils opèrent toujours un *changement de lieu ou de place sur une chose.*

L'instituteur qui enseigne l'écriture aux enfants, l'officier qui apprend l'exercice aux soldats, le professeur qui instruit ses élèves dans une science, le médecin qui soigne ses malades, l'avocat qui plaide une cause font un travail; ils forment des hommes pour un but déterminé; ainsi ils rendent ces hommes plus utiles qu'ils n'étaient: ils opèrent un *changement de forme utile sur des hommes.*

Est-il besoin de faire remarquer que le changement de forme opéré sur les hommes n'est jamais aussi considérable, aussi visible du premier coup que le changement de forme opéré sur les choses? Néanmoins, le changement de forme opéré sur les hommes finit par être visible. La manière d'être d'un homme décèle souvent s'il a été militaire, magistrat, s'il a reçu une instruction étendue, etc., etc.

Une compagnie de chemin de fer qui transporte des ouvriers, un cocher qui facilite le déplacement à un commerçant, le général qui mène ses troupes à la guerre font un travail; ils transportent des hommes et, par ce transport, ils en augmentent l'utilité; ils opèrent un *changement de place ou de lieu utile sur des hommes.*

Au point de vue économique, on peut donc définir *le travail: tout changement de · forme ou de lieu utile, opéré par les hommes sur les hommes et les choses.*

Tout travail est une action, mais toute action de l'homme constitue-t-elle nécessairement un travail? Non.

Dans toute action humaine, il faut distinguer deux effets:

1° L'effet utile et plus ou moins durable;

2° L'effet nuisible et plus ou moins périssable, qui est pour l'homme la fatigue, l'usure de la santé, la mort; et pour les choses (si les choses interviennent dans cette action), l'usure, la détérioration.

Au point de vue de la mécanique, le travail est toute action humaine dont l'effet utile et durable est plus grand que l'effet nuisible et périssable.

Le tailleur de pierres, qui façonne un bloc, se

fatigue, use sa santé et ses outils — effet nuisible
et plus ou moins périssable — périssable, parce
que la fatigue et l'usure de la santé peuvent être
réparées, jusqu'à une certaine mesure, par le repos
et l'alimentation, parce que les outils détériorés
peuvent être remplacés par d'autres ; mais le tailleur
de pierres donne de la valeur à une chose qui en
avait peu, — effet utile et plus ou moins durable.

Le tailleur de pierres, qui façonne un bloc de grès,
fait un travail.

Une action humaine, considérée au fond, est soumise aux mêmes lois que toute action d'une force
quelconque, et la mécanique nous prouve que toute
action est suivie d'une réaction. Un encrier par
exemple, posé sur une table, pousse la table qui
repousse l'encrier. Le canon qui lance un boulet
subit le recul, qui est la réaction produite par la
force communiquée au boulet.

La mécanique nous prouve encore que la réaction
est toujours égale à l'action. Nous pouvons admettre
qu'il en est de même pour une action humaine.

Un homme agissant seul, sans outil, sur une
chose, perd, pour la transformer, autant de force
qu'il fait gagner d'utilité à la chose. Cette observation est confirmée par l'expérience et par l'histoire. Ainsi, l'homme qui travaille, sans s'aider de
choses matérielles, produit à peine ce qu'il con-

somme. Voilà pourquoi le travail est, à proprement parler, nul chez le sauvage. L'effet nuisible et périssable, ou réaction, est égal à l'effet utile et durable, ou action.

L'action de l'homme n'a réellement commencé à être travail qu'à partir du moment où l'homme a fait intervenir l'action d'une chose.

L'homme réduit à casser une pierre avec sa main ou son pied, devait subir une usure relativement plus considérable que l'effet utile qu'il voulait obtenir et fixer sur la pierre. Mais du moment que l'homme trouva moyen d'employer une pierre pour en casser une autre, il y avait progrès. Il faisait supporter à une pierre une bonne partie de l'usure qu'il supportait tout entière en agissant seul. Évidemment, l'effet utile produit sur la première pierre devenait supérieur à l'effet nuisible produit sur l'homme, puisque la deuxième pierre supportait la plus grande partie de l'effet nuisible.

Il serait facile de multiplier les exemples. Nous pouvons conclure que l'homme, agissant directement sur les choses, ne fait pas de travail ou en fait peu, et que l'homme qui agit indirectement sur les choses, qui fait agir les choses sur les choses, produit.

Le progrès est donc dans l'emploi des choses pour économiser les forces de l'homme, dans la substitution des forces de la nature à la force vitale de l'homme.

Tout d'abord on usait une moitié de chose pour donner de l'utilité à l'autre moitié (on le fait encore); par la suite on apprenait à se servir de choses qui ne s'usent pas (le vent, l'eau courante, etc., les agents naturels).

C'est l'instinct de production et de conservation qui a appris à l'homme et à certains animaux de se servir de choses pour agir sur les choses.

La raison a puissamment aidé l'homme à étendre l'emploi des choses dans la production. La raison ui a appris à utiliser, dans l'accomplissement de ses travaux, les bêtes, devenues depuis les animaux domestiques.

C'est à la fois la raison, l'instinct de production et l'instinct de domination qui ont poussé l'homme (même de nos jours, dans une bonne partie du monde) à faire servir d'autres hommes dans la production exclusivement utile à l'employeur seul.

L'esclavage ne pouvait être inventé que par des êtres doués de raison. L'instinct de la bête peut aller jusqu'à faire servir directement une autre bête de la même race à sa satisfaction, jusqu'à la tuer pour s'en nourrir, mais jamais animal n'a trouvé le moyen d'employer un autre animal comme intermédiaire, de l'exploiter. C'est bien la raison humaine qui a créé l'esclavage, ce qui confirme ce que nous avons dit plus haut, à savoir que la raison est la faculté de renforcer, de diriger les instincts, ordinairement le plus puissant, de lui montrer le plus sûr moyen de se satisfaire.

Dans les contrées où l'esclavage existe encore, il s'opère quantité de travaux dont l'effet nuisible retombe en entier sur l'un, sans aucune compensation pour l'usure, et dont l'effet utile revient exclusivement à l'autre.

Le servage a été une mitigation de l'esclavage.

Le seigneur employeur ne réclamait qu'en partie l'effet utile des travaux exécutés par les serfs.

Le salariat moderne est une mitigation de l'esclavage, mais dans la plupart des cas il ne vaut pas l'ancien servage. La cause en est dans la différence des travaux, dans l'accumulation des travailleurs sur de petites étendues et dans une division du travail exagérée.

Dans le salariat, un travail est généralement (mais non toujours) payé pour l'effet nuisible momentané, pour la fatigue immédiate, la faim ; rarement le travail est payé pour l'usure à la longue ; il l'est encore bien moins pour l'effet utile qui en résulte pour l'entrepreneur.

La quatrième étape sera peut-être l'association plus ou moins librement consentie, la société coopérative (de production aussi bien que de consommation) ; elle comporterait à la fois la compensation pour l'effet nuisible immédiat, la réparation de l'usure à la longue et le partage de l'effet utile entre l'employé et l'employeur.

Le travail étant le changement de forme ou de place utile, opéré par les hommes sur les hommes et les choses, il nous reste à donner la signification exacte du mot « utile ».

L'adjectif « utile » veut un régime. Utile à qui ? Toute chose qui satisfait un besoin de l'homme est utile. Comme il n'y a pas de besoin sans homme, il existe toujours, en face d'un travail qui est sur le point de se faire, quelqu'un ou une majorité pour déclarer que la chose satisfait un besoin, qu'elle est utile. Qui donne le droit à une ou plusieurs personnes de décider si tel travail est utile ou non ? Qui est juge de l'utilité ? Évidemment, ce ne peut être que la force, réelle ou supposée, matérielle ou morale. C'est le plus fort qui décide que l'effet utile d'une action est plus grand que l'effet nuisible, que cette action est un travail.

Si le tailleur de pierres, plus ou moins bien rétribué pour l'effet nuisible de son travail, façonne la pierre qu'il ne possèdera pas, qui ne lui servira pas, c'est qu'il est moins fort (dans son acception la plus étendue) et moins favorisé par la fatalité que celui qui l'emploie. Il subit le droit de la force, tout en cherchant à l'exercer ailleurs, partout où il pourra.

La majorité gouvernementale d'un pays déclare la guerre ; le simple soldat doit faire face à tous les périls; la plupart du temps, l'effet utile des travaux qui lui incombent revient exclusivement à sa patrie et à ses chefs : il subit le droit de la force qui l'envoie à la souffrance, à la mort.

L'utilité n'est donc pas une chose absolue, une qualité nécessaire, fixe et bien déterminée, elle est au contraire très relative ; elle dépend de l'homme, de l'espace et du temps. C'est l'opinion du plus fort qui détermine l'utilité d'une action ; le plus fort peut être une seule personne ou une majorité.

Si l'empereur de Russie déclare utile tel travail, ce travail sera exécuté, quel qu'en puisse être l'effet nuisible éprouvé par ses sujets. Si la majorité d'une Chambre vote une loi parce qu'elle la considère comme utile, il se peut trouver néanmoins des millions d'hommes à qui la loi est nuisible; cependant ces hommes la subiront jusqu'à ce qu'ils soient assez forts pour s'y soustraire.

CHAPITRE XII

L'instinct de possession existe, à un degré plus ou moins élevé, chez tous les êtres organisés. Il est intimement lié à l'instinct de conservation. On ne peut guère supposer l'un sans l'autre.

La raison n'a rien à voir à l'existence de l'instinct de possession proprement dit. Il se forme par l'action des choses sur l'instinct de conservation.

Les animaux qui ne trouvent pas leur nourriture en toute saison (par exemple les abeilles, les fourmis) amassent dans la belle saison les aliments dont ils ont besoin dans l'autre. Tous les animaux qui ont besoin d'un abri, l'inventent ou le construisent, et ils le défendent contre l'ennemi au péril de leurs jours. Ils veulent posséder. L'histoire naturelle en fournit de nombreux exemples.

Quelques animaux, tels que les écureuils, les rats, certains oiseaux emportent dans leur nid ou cachette des objets qui leur sont complètement inutiles au point de vue de l'instinct de conservation ; ce sont particulièrement les objets brillants

L'instinct de possession agit sur l'homme comme sur la bête. La raison a naturellement agrandi le domaine que l'homme peut et veut posséder.

Le désir de posséder varie d'un individu à l'autre et s'étend aux choses les plus diverses, sans considération de leur utilité ou de leur valeur.

Cependant, les manifestations de l'instinct de possession suivent généralement une règle déterminée.

L'homme veut posséder tout d'abord les choses indispensables à son entretien, puis les outils, les capitaux qui lui servent à acquérir ces choses ; en troisième lieu, il veut posséder des objets d'une utilité secondaire, des choses d'agrément.

L'instinct de connaître est une variété de l'instinct de possession, en tant qu'il s'agit de choses morales.

L'instinct de domination, l'ambition, est une manifestation de l'instinct de possession, en tant que la possession a pour objet des hommes.

CHAPITRE XIII

CAPITAL, OUTIL, PRODUIT, LA PROPRIÉTÉ

Avant de donner la définition du capital, au point de vue de l'économie politique, fixons la portée des termes : outil, produit, marchandise, propriété, relativement à ce mot : capital.

L'outil (machine, appareil, instrument, l'animal domestique, même l'esclave, chose matérielle, vivante, morale) est le capital considéré comme intermédiaire de la production.

Le produit est le capital considéré comme résultat de la production.

La marchandise est le capital ou produit destiné à l'échange.

La propriété est le capital qui a un maître.
Capital est donc le terme générique.

L'outil est capital pour l'un, produit pour l'autre, marchandise pour un troisième, etc. Exemple : ma plume est un *capital*. Elle a été *produit* pour le fabricant et *marchandise* pour le commerçant qui me l'a vendue. Pour moi, elle est un *outil;* elle est en outre ma *propriété.*

Quand nous aurons donné la définition du capital, nous aurons également défini les autres.

Une compagnie qui distribue, ou un porteur d'eau qui monte une certaine quantité d'eau aux locataires d'une maison ajoute évidemment à cette chose une somme d'utilité qu'elle n'avait ni pour la compagnie ou le porteur d'eau, ni pour les locataires de la maison.

La compagnie ou le porteur en retirent un profit: l'eau, dans ce cas, est un capital pour eux.

Quelqu'un prend possession d'une plaine de sable (par exemple en Algérie), il creuse des canaux et rend la plaine fertile; il arrive à cultiver la vigne, le blé: il a créé un capital.

Un homme ramasse un exemplaire de toutes les pierres ou plantes qu'il peut trouver; il en fait une collection qui lui sera utile, à lui ou à d'autres. La collection de pierres ou de plantes est un capital.

Une personne a de l'aptitude pour un certain métier, elle s'exerce et finit par y gagner de l'argent; l'aptitude de cette personne est devenue un capital pour elle.

Un inventeur arrive à donner forme à une idée qu'il a: son idée devient capital.

Un spéculateur établit un commerce, une industrie, dans telle maison, rue, ville, contrée ; il réussit. Au bout de quelque temps il revend le fonds ; sa spéculation réalisée par le travail est devenue capital. Ce capital n'est, après tout, que la somme de confiance qu'il a su inspirer à la clientèle. Il y a des fonds de commerce qui ont plus de valeur que les bâtiments qui les abritent. Voilà donc un capital qui n'est qu'une idée, augmentée de travaux accumulés.

Dans chaque exemple que nous avons donné, on peut voir que la chose ne devient capital que lorsque le travail est fini, et que l'effet utile de ce travail s'est fondu dans la chose. Il est inexact de dire que le travail présent (l'action même de travailler) constitue un capital.

Une chose devient capital, lorsque le travail est venu s'y fixer. La remarque s'applique aux capitaux « naturels », qu'il serait plus exact d'appeler capitaux natifs (mines, terres fertiles, etc.).

Pour qu'une mine soit capital, il faut que quelqu'un ait fait le travail de la trouver et ait réussi à en tirer un parti quelconque.

En mécanique, on peut décomposer par la raison toute chose en matière et en mouvement. En économie politique, on peut supposer que toute chose est capital et travail.

Le travail est le mouvement; le capital est la chose considérée à un moment donné comme si le mouvement était fini (en réalité, ce mouvement ne finit pas; c'est pourquoi aucun capital ne reste éternellement le même). En réalité, il n'est pas plus possible de séparer le travail du capital que d'isoler le mouvement de la matière. Le travail sans le capital est une idée aussi abstraite que l'âme sans le corps.

Résumons : dans tout capital, il y a autre chose qu'un simple travail, il y a un autre capital, et on peut définir le capital :

Toute chose (matérielle, morale, vivante), *augmentée des résultats utiles produits sur cette chose par des travaux antérieurs.*

Le travail, comme mouvement, est l'action d'un capital humain — de l'homme — sur un autre capital vivant, matériel ou moral. Dans tout travail il se produit nécessairement deux effets: l'effet utile et l'effet nuisible; il s'agit de faire porter l'effet utile sur une partie du corps qui sera le produit et l'effet nuisible sur une autre qui sera le déchet, et sur les outils.

L'ouvrier qui travaille au tour se fatigue et use ses outils (effet nuisible) pour donner une forme à un morceau de bois (effet utile).

Pour qu'il y ait création de capital, pour qu'il y ait travail, il faut la préméditation, et nous admettons comme travail uniquement l'action productive de l'homme. Le tourneur a l'intention de donner une certaine forme au morceau de bois (l'effet utile est voulu); s'il détériore ses outils, s'il se fatigue, c'est qu'il ne peut pas faire autrement (l'effet nuisible est inévitable); toute production d'une chose est destruction d'une autre.

Pour qu'il y ait création de capital, il faut que les effets utiles, accumulés sur un objet déterminé — le produit — soient plus grands que les effets nuisibles, répartis sur les autres objets — l'outil, le capital humain ou l'homme.

Or, pour pouvoir juger si le résultat utile produit sur un corps est plus grand que le résultat nuisible produit sur les autres, il faut nécessairement que l'opération soit terminée, que le travail soit fait, qu'il soit antérieur. Le capital est donc bien toute chose augmentée des résultats utiles opérés sur cette chose par des travaux antérieurs.

Le capital naît d'un travail qui précède le moment où l'on peut constater l'existence du capital.

Le capital (matériel, vivant ou moral) présuppose en outre l'existence d'un autre capital (matériel, vivant ou moral) moindre ou moins utile, sur lequel le travail est venu se greffer. En aucun cas, le travail actuel ne peut être capital actuel.

En se servant d'une formule de calcul, on peut

dire que le capital est une dérivée d'un autre capital et du travail ; ou encore:

Le produit est une dérivée de la matière première et du travail.

Du minerai de fer on tire une infinité de produits successifs et différents. Chacun de ces produits représente du minerai de fer, plus une certaine quantité de travail.

Le travail étant variable, le produit sera variable. Si le travail augmente ou diminue, le capital suit insensiblement les mêmes fluctuations. Si le travail devient nul, le capital redevient plus ou moins rapidement le capital natif.

Une aiguille, une barre de fer, abandonnées à l'action aveugle du temps (pour lesquelles il ne se fait plus de travail, pas même un travail de conservation), se transforment en rouille, laquelle est un minerai de fer. Pour empêcher une aiguille de se rouiller, il faut la mettre dans de certaines conditions, c'est-à-dire il faut faire un certain travail.

La loi générale, assez importante, qu'on peut tirer de cet exemple, est: pour qu'il y ait persistance de capital, il faut qu'il y ait continuité de travail.

Une maison est un capital qui se détériore peu à peu. Si elle n'est pas réparée de temps à autre, elle finit, après une période plus ou moins longue, par tomber en ruine.

Les matériaux, tels que le bois, le fer, les pierres, la chaux, qui entrent dans la construction, retournent à un état plus simple, plus stable pour le milieu. Le fer redevient minerai; le bois pourrit et se décompose en corps moins utiles (en considérant la maison). La chaux est redevenue pierre à chaux, d'où elle avait été tirée; et la forme que le travail avait donnée aux pierres de taille s'émousse.

Ainsi, pour qu'il y ait persistance de capital, il faut qu'il y ait continuité de travail; à plus forte raison, pour qu'il y ait augmentation du capital, il faut qu'il y ait accroissement de travail. Et pour qu'il y ait accroissement de travail, il faut qu'il y ait développement de l'instinct de production.

Or, dans la vie d'un individu, d'une famille, d'un peuple, d'une race, le moment arrive toujours où l'instinct de production, ayant atteint son maximum, décroît et finalement devient nul. Les capitaux restent d'abord stationnaires; puis, insensiblement, diminuent, enfin deviennent nuls. Ils retournent à l'état de capitaux natifs.

Il sera parlé, à la fin de cette étude, de l'affaiblissement de cet instinct, affaiblissement qui coïncide avec le développement de l'instinct de destruction et entraîne la décadence.

Diverses classifications ont été données des capitaux; on peut les diviser en : 1° capitaux stables;

2° capitaux instables ; ou en : 1° capitaux simples, natifs, naturels ; 2° capitaux complexes, artificiels ; ou encore en capitaux fixes et capitaux circulants. Au fond la division est toujours la même ; il n'y a que les termes qui sont changés, suivant le point de vue auquel on se place.

La propriété est le capital qui a un maître déterminé. On peut distinguer deux espèces de propriétés :

1° La propriété matérielle (foncière, immobilière, mobilière, etc.);

2° La propriété morale (artistique, littéraire, industrielle, etc.).

En ce qui concerne la propriété morale, le capital est toujours une idée, une chose morale qui n'a de valeur qu'en tant qu'elle donne des produits matériels.

Par exemple, l'auteur d'un roman revendique la propriété d'une idée. Mais cette idée n'a été capital que du jour où elle a donné un revenu, qu'elle a revêtu une forme matérielle, nettement caractérisée, pouvant servir à d'autres productions.

Le roman, une fois en manuscrit, peut donner lieu à la production d'une infinité de livres qui sont des produits matériels.

On peut en dire autant de la propriété d'un inventeur. En général, le peintre, le sculpteur, l'auteur dramatique et le compositeur de musique peuvent avoir les deux espèces de propriétés.

Un sculpteur a la propriété de la statue qu'il a créée : c'est une propriété matérielle. Il a en outre le droit de reproduction de son œuvre, qui est une propriété morale. Il en est de même des autres.

La propriété morale n'existe pas depuis longtemps et ne peut avoir la durée de la propriété matérielle ; elle n'est possible que dans les pays civilisés ; il y a d'ailleurs des nations chez lesquelles elle n'est pas reconnue. Là où elle est reconnue, on lui a assigné une durée assez limitée ; la propriété morale rentre dans la catégorie des capitaux instables, artificiels, qui donnent beaucoup de produits en peu de temps et, par là, s'usent rapidement.

La propriété matérielle est généralement plus complète que la propriété morale ; néanmoins il y a partout des restrictions au droit de propriété.

La propriété foncière est loin d'être absolue, même là où elle est le plus solidement établie. L'expropriation, les droits de mutation et de donation, par exemple, constituent de véritables restrictions au droit de propriété.

Chez quelques musulmans, la propriété foncière est collective ; l'individu ne possède que le droit de culture.

Toutes les propriétés, morales et matérielles, existent par le droit de la force.

CHAPITRE XIV

ANTAGONISME DE LA CIVILISATION ET DE LA NATURE

Nous avons déjà fait ressortir que l'utile est chose relative et non pas absolue. On ne peut donc pas dire que la nature, dans son ensemble, est utile, pas plus qu'on ne peut dire qu'elle est belle ; mais — ce qui est différent — toutes les choses dans la nature peuvent être rendues utiles, de même que certaines parties peuvent paraître belles à l'homme.

L'utilité comme la beauté sont subjectives.

On a beaucoup abusé de certaines affirmations qu'on peut trouver pour le moins très hasardées. On a dit que l'homme était par sa destination le maître de la terre, le roi de la création. Parce que l'homme était un être doué de raison, parce qu'il parvenait à connaître jusqu'à un certain point la terre et la nature, on faisait de lui le point culminant, le but final de la création : tout lui était soumis.

Au point de vue de l'économie politique, le seul

qui nous préoccupe, il est nécessaire d'insister sur l'antagonisme de l'homme et de l'univers, de la civilisation et de la nature.

Si l'homme exerce, par le fait de la civilisation, une royauté sur la nature, ce n'est que par des efforts redoublés qu'il la maintient. Partout la lutte est engagée entre l'homme et la nature ; si l'homme l'emporte pendant une période, la nature finit toujours par avoir la victoire définitive.

L'homme n'a pas encore créé de capital, si petit ou si étendu qu'il fût, qui ait pu résister à l'action destructive du temps. D'immenses plaines, couvertes jadis de peuples innombrables sont retournées à leur état le plus simple ; elles sont redevenues des déserts. Les pays les plus prospères, les contrées les plus civilisées ont été transformées par l'action du temps en lieux de misère et de désolation.

La nature combat l'homme dans les plus petites choses comme dans les plus grandes. Les agents naturels les plus utiles à l'homme peuvent devenir en un clin d'œil les plus dangereux (par exemple le feu).

L'homme n'a rien et ne peut rien sans le travail, sans un effort continu. La civilisation, le progrès, sont des positions péniblement conquises et défendues corps à corps contre la nature. Cependant, aucune civilisation ne s'est perpétuée, aucun progrès

n'est devenu définitif, parce que l'homme a toujours
fini par se relâcher : l'action lente et fatale du temps
reprenait le dessus.

La nature est si peu favorable à l'homme que
celui-ci n'a jamais pu exister seul. Le premier homme
n'est pas un être réel : c'est un produit de l'imagination. Quels qu'aient été, de leur nature, les pre-
miers hommes, ils étaient plusieurs.

De leur nature, ils étaient faits pour vivre ensemble ;
l'instinct de conservation, chez eux, marchait de pair
avec l'instinct d'association.

CHAPITRE XV

L'INSTINCT D'ASSOCIATION

L'instinct d'association ou sociabilité naît de l'action de l'espace et du temps sur l'instinct de conservation. Il existe chez de nombreuses espèces d'animaux.

La bête incapable de vivre isolée, trop faible pour se défendre, a été poussée par l'instinct de conservation à s'associer avec ses semblables. Tel est le cas des abeilles, des fourmis, de beaucoup d'oiseaux, etc. Les animaux domestiques ainsi que tous les animaux qui peuvent être apprivoisés possèdent l'instinct d'association à un degré plus élevé, puisqu'ils peuvent s'associer non seulement entre eux, mais encore avec les hommes.

Chez l'homme, la raison a développé, perfectionné, varié l'instinct d'association, mais la raison n'entraîne pas forcément l'existence de cet instinct. Il y a des hommes qui ne l'ont point, ou l'ont à un petit degré.

De plus, la raison et l'instinct de conservation peuvent parfois empêcher la sociabilité de se manifester.

Il y a des distinctions à faire en ce qui concerne la sociabilité. Le cheval, le chien ne se sont pas associés avec l'homme, mais l'homme s'est associé avec eux. L'association, pour exister, n'a pas absolument besoin d'être *bilatérale*.

De même, l'homme peut se trouver, par la force des choses, associé à un homme, une famille, une nation, une race. L'instinct d'association lui ferait complètement défaut qu'il n'en serait pas moins lié par la fatalité.

Un homme ne perd pas sa nationalité ou son nom par sa seule volonté. Il doit surmonter l'action de l'espace et du temps, de la fatalité qui l'a fait naître dans une certaine communauté, sur un certain territoire.

L'économie politique repose tout entière sur l'instinct d'association ou la sociabilité de l'homme. L'homme est un être essentiellement sociable; isolé, il n'a jamais existé et, comme tel, il n'a pu créer de l'utile. L'économie politique s'adresse à la société et non pas à l'individu.

Non seulement la somme, mais encore la puissance du travail est en raison directe du nombre des hommes. D'une manière générale, le travail de deux hommes est plus considérable que deux fois le travail d'un homme. Deux hommes peuvent réunir leurs forces ; la force de l'un peut multiplier la force de l'autre. En d'autres termes, ces deux forces peuvent s'ajouter en quantité et en tension.

Deux hommes unis peuvent combiner et, par ce fait, exercer plus utilement leurs forces ; leurs efforts pourront être à la fois plus nombreux et plus puissants.

Deux hommes occupent ordinairement plus d'espace qu'un seul ; ils peuvent avoir plus d'action sur l'espace. De même, à deux, ils peuvent vivre plus longtemps que si chacun était seul ; ils ont donc plus d'action sur le temps.

En formulant ces principes d'une façon générale, *on peut dire que la puissance ou l'intensité du travail varie proportionnellement au nombre des hommes.*

Si cette loi est une vérité réelle, elle doit avoir des limites, car toute vérité réelle a des limites, au-delà et en deçà desquelles elle n'existe plus. Il n'y a que les vérités logiques, créations de la raison, qui n'aient pas de limites. Du moment qu'on admet, par exemple, l'existence de l'âme, vérité logique, il faut admettre aussi qu'elle est immortelle et qu'elle est douée d'ubiquité.

La puissance du travail ne suit pas indéfiniment

l'augmentation de la population. Matériellement, un trop grand nombre d'hommes réunis sur un point peut être un obstacle au travail; d'un autre côté, parce que les hommes peuvent s'unir dans un effort commun, il ne s'ensuit nullement qu'ils soient toujours unis. Au contraire, l'action d'un homme va souvent en sens contraire de l'action d'un autre.

La sociabilité de l'homme n'est pas illimitée; l'instinct d'association, ordinairement très fort chez l'homme jeune et le peuple primitif, va en s'affaiblissant avec l'âge et la civilisation. Au début d'une civilisation, toutes les actions de l'homme et de la nation constituent un progrès, sont des travaux (produisent un effet utile); mais, avec le temps, les actions de l'homme et de la nation deviennent de moins en moins productives; l'homme s'agite, mais il n'agit plus : la puissance du travail cesse d'être en rapport avec la population. La décadence est encore une suite de l'affaiblissement de l'instinct d'association.

La sociabilité varie d'un individu à l'autre. Dans la société universelle, les individus sont diversement liés et inégalement associés entre eux. Les plus forts, les mieux doués font tourner l'association à leur avantage.

Toutes les associations rentrent dans l'une ou l'autre des deux catégories suivantes :

1° Dans la catégorie de *l'association fatale et*

naturelle, dont tous les hommes font partie par le fait qu'ils appartiennent tous à une certaine famille, nation, race ;

2° Dans la catégorie de *l'association rationnelle et préméditée,* dont un homme peut faire partie si l'instinct ou la raison l'y pousse.

Les hommes, étant inégaux de nature, ne peuvent pas constituer une société qui soit également utile à tous ses membres.

Avant qu'un acte soit posé par une association, il y a toujours un maître ou une majorité pour décider que l'acte est utile.

L'économie politique, dans ses recherches sur l'utile, doit consacrer un mot à la majorité.

CHAPITRE XVI

MAJORITÉ, MINORITÉ

Tout le monde sait ce qu'on appelle majorité et minorité. C'est une quantité effective plus grande et une autre quantité plus petite de voix ou d'hommes.

Là où la majorité fait loi, on admet que chaque voix représente une même quantité de forces (matérielles et morales), et alors la partie de l'association qui a le plus de voix est la plus forte. Ceci peut être le cas, mais il n'en est pas nécessairement ainsi.

Dans les sociétés industrielles on admet ordinairement que chaque action ou titre possède une même force, et la majorité représente alors une quantité plus grande d'actions. Ici encore, l'erreur est probable, car l'action possédée par tel individu, plus actif, plus intelligent, peut avoir plus de valeur et par conséquent plus de force qu'une autre.

Enfin lorsqu'il s'agit de voir où est la majorité, où est la force qui l'emporte, il y a toujours des abstentions; il y a des indifférents.

Ainsi, en règle générale, une majorité n'est pas

l'expression de la quantité plus grande de forces
réelles, mais la quantité plus grande de forces pré-
sentes, effectives.

A un moment et pour un fait donné, il y a toujours des individus qui sont indifférents à la chose
qui se passe; il y en a d'autres qui sont empêchés
par la fatalité de manifester leur action.

On sait ce qui arrive souvent, pour les choses les
plus graves, dans les assemblées législatives.

Dans la vie ordinaire, si nous considérons, par
exemple, un entrepreneur qui fait faire à des ouvriers
un travail utile pour lui et pour le pays, mais nuisible aux ouvriers, cet entrepreneur constitue la
majorité vis-à-vis de ceux-ci, parce que le public
reste indifférent à ce travail; et l'entrepreneur, avec
son intelligence, son énergie, ses capitaux, est à ce
moment plus fort que ses ouvriers. Mais le public,
tiré de son indifférence par un fait ou un autre et
prenant parti pour les ouvriers, la situation change;
l'entrepreneur doit céder, il se trouve en minorité dans
la lutte des forces mises subitement en mouvement.

La majorité est donc une chose relative; elle
dépend des hommes et de l'action de l'espace et
du temps. Elle est essentiellement instable. Ce sont
les indifférents qui ont le plus d'influence sur la
constitution de la majorité, pour un fait donné, dans
un moment donné.

CHAPITRE XVII

L'ÉTAT, LE GOUVERNEMENT, LA SÉCURITÉ
L'INSTINCT DE DOMINATION

C'est également dans l'indifférence qu'il faut chercher la cause de l'établissement et de la durée d'une forme de gouvernement. Les indifférents ne tiennent pas à faire partie du gouvernement; ils s'en désintéressent et abandonnent l'État à un petit nombre de familles et d'individus.

On peut même dire que, sans les indifférents, aucun gouvernement ne serait possible. Si toutes les forces devaient se prononcer pour ou contre une chose telle que le gouvernement, il ne se trouverait jamais de majorité un peu stable.

La majorité et la minorité seraient trop tranchées; l'une serait trop sûre de sa faiblesse, l'autre, trop convaincue de sa force. La minorité se sachant condamnée ne risquerait rien en osant tout; la majorité se laisserait aller aux mesures extrêmes. Les indifférents constituent l'élément pondérant dans un

État ; leur inertie apparente impose au plus auda-
cieux ; ils se tournent ordinairement contre ceux
qui voudraient les forcer à prendre parti.

Aussi la forme de gouvernement n'est pas de
nature à intéresser, à un égal degré, tous les
citoyens d'une nation.

Tous les gouvernements sont issus de la force et
existent par la force (volonté et instinct d'un individu ; instincts de la nation ; action de l'espace et
du temps).

L'État, c'est la nation gouvernée.

La nation, étant un être organisé instinctif, composé de beaucoup d'êtres doués de raison, poursuit
deux directions, dont l'une inconsciente ; elle a,
pour ainsi dire deux destinées, dont l'une fatale, et
l'autre préméditée, voulue. Cette dernière direction
est imprimée à la nation par le gouvernement.

Les deux directions, dont l'une inconsciente et
l'autre préméditée, peuvent être identiques : alors
la nation est bien gouvernée. Elles peuvent encore
être contraires ; l'action gouvernementale peut aller
en sens inverse des instincts de la nation ; alors
c'est la lutte entre la nation et l'État, lutte qui se
termine toujours par la victoire de la nation, mais
qui peut retarder de beaucoup la marche naturelle
de celle-ci.

On peut dire encore que l'État est la nation organisée pour résister aux autres nations. En règle générale, un gouvernement trouve sa plus grande force dans les dangers que court l'existence d'une nation.

Un gouvernement sera d'autant plus puissant qu'il a plus souvent l'occasion et qu'il est plus capable de protéger la nation contre l'ennemi du dehors. Les nations ont toujours les gouvernements les plus forts dans leur période de formation.

Au point de vue de l'économie politique, le but du gouvernement est la production de la sécurité extérieure et intérieure, la conservation et le développement des richesses collectives de la nation.

Il est encore possible de déterminer plus ou moins exactement la sécurité extérieure, mais il difficile de dire ce que doit être la sécurité intérieure.

A la rigueur, on pourrait la définir : l'ensemble des mesures destinées à empêcher les instincts d'un individu de faire du tort aux instincts de l'autre et aux intérêts de la nation. La sécurité que le gouvernement est censé être dans l'obligation de donner à l'individu est une chose extrêmement vague et changeante.

Aussi la tâche de gouverner, de produire la sécurité, est l'œuvre la plus ardue qu'il soit donné à l'homme d'exécuter.

Le gouvernement, pour pouvoir imprimer à la

nation une direction voulue, conforme à sa direction
naturelle et inconsciente, devrait connaître les instincts et les véritables intérêts de la nation ; quelquefois il les devine ; plus souvent il les méconnaît.
Le gouvernement qui dirige trop s'expose forcément à commettre de nombreuses erreurs, à causer
un préjudice à la nation, en établissant des mesures
contraires à ses intérêts. Le meilleur gouvernement,
au point de vue économique, abstraction faite de la
sécurité extérieure, serait celui qui abandonnerait
la nation à sa direction naturelle et inconsciente,
qui ne gouvernerait pas.

L'action si difficile de gouverner ne se complique
pas seulement de l'ignorance dans laquelle on est
des instincts de la nation ; il faut encore compter
avec l'instinct des gouvernants, l'instinct de domination, l'ambition. Les individus à qui incombe le
soin de gouverner sont des hommes comme les
autres, quelle que soit l'origine de leur pouvoir; ils
subissent, comme tout le monde, l'ascendant de leurs
instincts, de leurs besoins, de leurs passions, surtout de l'instinct de domination. Chez l'homme, il
trouve son expression la plus parfaite, sa satisfaction la plus complète dans le fait d'être du gouvernement du monde, de diriger les hommes.

L'homme politique, quel que soit son rang, cherche
avant tout dans le gouvernement la satisfaction de

son ambition et de ses autres instincts. Les grands hommes politiques ont été ceux dont les intérêts coïncidaient avec les intérêts de la nation, qui ont eu le bonheur de pouvoir travailler à la fois pour la nation et pour leur propre satisfaction.

CHAPITRE XVIII

LA POPULATION AU POINT DE VUE DE L'ÉCONOMIE POLITIQUE

Faut-ii dire qu'une classification n'a rien d'absolu, qu'elle est une affaire de raison, qu'elle n'est jamais réelle ?

Une classification doit servir uniquement à expliquer les choses ; c'est pour faciliter cette explication que nous donnons la classification suivante.

Au point de vue de l'économie politique on peut diviser les hommes en quatre catégories.

Nous rangeons dans la première ceux qui vivent ou pourraient vivre des revenus de leurs capitaux : les rentiers, les grands propriétaires, les chefs des grandes maisons industrielles, commerciales, certains hauts fonctionnaires, les grands artistes, les possesseurs de privilèges et de monopoles ; d'une façon générale, tous ceux dont les revenus sont en disproportion avec leur travail, tous ceux dont le revenu contient l'élément *rente du capital*.

C'est la classe *des rentiers;*

2° Ceux dont les revenus proviennent autant et plus de leur travail que de leurs capitaux matériels et moraux : les industriels, les commerçants, les propriétaires, les entrepreneurs; ceux qui suivent une carrière libérale : les avocats, les médecins, les fonctionnaires, les employés, les artistes, enfin tous ceux dont le salaire ou revenu du travail peut renfermer l'élément *rente du travail.*

C'est la classe qu'on désigne communément sous le nom de *bourgeoisie;*

3° Ceux qui vivent de leur travail : les ouvriers, les fermiers, les petits fonctionnaires, les petits employés, etc.

Classe désignée sous le nom de *salariat;*

4° Ceux qui n'ont aucune espèce de revenu : les vieillards, les malades, une partie des femmes de la troisième catégorie, les mineurs et, d'une façon générale, *les pauvres.*

On appelle *paupérisme* le rapport de la quatrième catégorie aux trois autres réunies.

L'état de richesse est le rapport de la première catégorie aux trois dernières réunies.

CHAPITRE XIX

RELATION DU TRAVAIL AU CAPITAL

Le capital est issu de travaux antérieurs combinés avec un capital moindre et d'utilité relativement plus petite. Le travail n'est pas capital et seul ne peut jamais devenir capital. D'ailleurs, l'un n'existe pas sans l'autre, pas plus que le mouvement ne peut exister sans matière. Pour que l'un soit, l'autre doit être aussi. Quel est le plus ancien des deux ? Autant vaudrait examiner si la poule vient de l'œuf, ou si l'œuf vient de la poule. L'un naît de l'autre : il y a successivité ; or, là où il y a successivité, il y a eu nécessairement simultanéité. Quand le premier homme trouva le premier capital, il avait déjà fait le premier travail, il s'était donné la peine de le trouver. La triple relation de l'homme au capital et au travail — la véritable trinité économique — est un cercle vicieux qui n'a ni commencement ni fin.

En réalité, il n'y eut jamais de premier homme, ni de premier capital, ni de premier travail.

Mais, à un moment donné, est-ce que le travail équivaut au capital, est-ce que la production d'utilités peut dépendre de l'un plutôt que de l'autre; est-ce qu'il est plus facile d'avoir des revenus par le travail que par le capital, ou réciproquement? D'une façon générale, on peut poser qu'à l'origine d'une civilisation, le travail a plus d'importance, plus de valeur que le capital. (L'Amérique du Nord en peut fournir un exemple.)

Dans les pays primitifs, les capitaux sont à la fois pauvres et abondants, les travailleurs rares, leurs besoins peu nombreux, leurs instincts rudimentaires.

Le travail étant plus rare, il avait donc plus de valeur que le capital; il était plus utile. Pour obtenir un certain revenu il était nécessaire d'être plutôt travailleur que propriétaire. Qu'on observe ce qui se passe dans les contrées pauvres, situées en dehors des grands courants commerciaux.

Mais sur tous les points de la terre où la civilisation a progressé, les hommes se sont multipliés, et la proportion a changé.

Le capital gagnait rapidement en qualité, mais augmentait lentement en quantité; il diminuait même sur certains points (les capitaux natifs ont été de tout temps les mêmes ou peu s'en faut, et les capitaux créés par l'homme sont plus ou moins instables et n'ont qu'une durée limitée). En revanche, le

travail devenait plus abondant; aussi le capital sur-
passa en importance le travail. Le capital étant
indispensable au travail, les hommes qui voulaient
travailler cherchaient à posséder le capital. La propriété étant constituée d'une façon ou d'une autre,
les hommes déclarèrent un droit ce qui n'était
qu'un fait.

Le terme « droit » est corrélatif de loi, usage,
coutume, édit, décret, volonté d'un chef, etc., de
même que devoir est corrélatif de contrainte. Tous
ces termes sont corrélatifs de *sanction*, lequel mot
veut dire emploi de la force.

*Le droit de propriété est un résultat du droit de
la force.*

Est-ce qu'un individu a des droits par le seul fait
qu'il est homme? Non.

Un homme a les droits que veulent lui concéder
les hommes et les choses qui l'entourent. Un homme
qui naît et vit dans un certain milieu, un certain
pays a les droits que lui donnent la communauté
et la coutume de ce pays. L'homme possède en
outre tous les droits qu'il est capable de conquérir
sur les hommes et les choses qui l'entourent.

Un homme a-t-il le *droit de travail*, le droit au
travail (distinction subtile, sans fondement) par le
fait même qu'il est homme? Non. S'il avait le droit
de travail (s'il pouvait y avoir un droit de travail),

devrait avoir aussi le droit de propriété sur le capital qui est indispensable au travail. Il ne faut pas perdre de vue que les termes : homme, capital, travail, sont des conceptions intimement liées, puisque le travail est une certaine action de l'homme qui se porte sur une chose dite : capital. Travailler, c'est agir sur une chose ou sur un homme ; pour avoir le droit d'agir sur une chose ou sur un homme, il faut avoir évidemment le droit de disposer de cette chose ou de cet homme.

Le droit de propriété renferme donc le droit de travail, mais la réciproque n'est pas vraie.

Déclarer par la voie législative que l'homme a le droit de travail, ou c'est jouer sur les mots, ou c'est conférer à l'homme une propriété. Une loi qui établirait le droit de travail conférerait à tous une *propriété individuelle;* elle serait absurde parce qu'il faudrait consulter les instincts de chaque individu pour contenter tout le monde. Au cordonnier il faudrait fournir le cuir ; à l'avocat il faudrait procurer les causes, et au maître d'école il faudrait abandonner les enfants, sinon ils ne pourraient exercer leur métier, ce qui serait cependant leur droit.

C'est une autre question de savoir s'il ne vaudrait pas mieux de constituer certaines propriétés individuelles en propriété collective.

En tout cas, la force seule peut modifier ce que

la force a établi. Demander que le capital s'incline volontairement devant le travail, c'est vouloir exiger que l'homme obéisse à l'enfant, sous prétexte que l'homme a été enfant ; c'est donner à l'œuf la préférence sur la poule ; c'est méconnaître les instincts de l'homme et la force des choses.

CHAPITRE XX

LA RICHESSE ET L'ÉCHANGE

La richesse est l'ensemble des choses utiles à l'homme. C'est l'humanité tout entière qui possède l'ensemble des choses utiles. L'humanité entière profite d'autant plus de l'ensemble des richesses que le nombre des hommes qui y prennent part est plus élevé. La richesse n'est donc pas, à proprement parler, l'ensemble des choses considérées comme en repos, mais comme étant en mouvement, en circulation. Pour qu'un individu, une famille, une nation aient part à toutes les richesses, il faut qu'ils donnent une partie de leur richesse en échange d'une partie de toutes celles que l'humanité possède collectivement. La richesse est, à la fois, l'ensemble des choses échangeables et l'action d'échanger ces choses. D'une façon plus générale, on peut dire que *la richesse est l'échange*.

Nous avons divisé les hommes en quatre catégories, dont la dernière n'a de revenu d'aucune sorte cependant, elle existe; il y a toujours eu des pauvres; ils vivent, il faut donc que les trois autres classes les nourrissent. Il y a échange des choses matérielles contre des choses morales (remerciements, flatteries, etc.). Pour les pauvres la *richesse est l'échange*.

Ces quatre classes sont solidaires de fait. Le capital ne peut fructifier sans le travail et le travail ne peut produire sans le capital; il est donc indispensable que les revenus du travail, s'échangent contre es revenus du capital, et la richesse est encore 'échange.

La richesse n'est chose absolue que pour l'humanité entière. Pour une partie de l'humanité, une nation, une famille, un individu, la richesse est chose relative.

Elle est grande si l'échange se fait facilement; elle est petite si l'échange se fait difficilement; ELLE SERAIT NULLE SI L'ÉCHANGE ÉTAIT NUL (ce qui n'est jamais le cas).

Supposez un millionnaire américain vivant seul dans les pampas; sa fortune lui sera inutile. Supposez qu'il habite quelque village; il lui sera loisible d'échanger une petite partie de ses richesses contre d'autres.

Mais supposez qu'il habite New-York ou Paris, il pourra échanger son argent contre les choses les plus variées ; de plus, il sera tenté de le faire ; car l'action des hommes et des choses à New-York ou à Paris lui donnera des besoins qu'il ignorait, qu'il n'avait pas auparavant.

La richesse prise dans son acception la plus étendue suppose donc la puissance, la possibilité, l'instinct et la volonté de l'échange.

Souvent il ne suffit pas qu'un individu, une nation aient la puissance et la possibilité d'échanger, il faut encore qu'ils en aient la volonté et l'instinct, qu'ils éprouvent le besoin de posséder d'autres richesses.

Prenez un habitant de la campagne, un petit fermier, un journalier, un pâtre. Donnez-lui ce qu'il lui faut pour se nourrir, se vêtir, s'abriter ; ajoutez-y deux ou trois petites choses d'agrément, il n'en demandera pas davantage. Une quantité limitée de richesses peu variées lui suffit ; s'il en acquiert au delà, il les laissera sans usage, parce qu'il n'a ni l'instinct ni la possibilité de les échanger contre des choses dont il ne sent pas l'utilité.

L'échange se développe avec les besoins de l'homme ; il est toujours plus considérable dans un centre civilisé que dans une contrée pauvre.

Tout ce qui développe l'échange, augmente la richesse ; tout ce qui empêche l'échange, diminue la richesse.

La richesse varie donc :

1° Avec *la puissance d'échange, la production*, les industries, les arts, les capitaux, les produits, la division du travail, les machines, l'instruction, les habitudes, etc., etc.;

2° Avec *la possibilité de l'échange, la circulation*, le commerce, les moyens auxiliaires de l'homme : voies de communication, moyens de transport; la monnaie, le crédit, les banques, les systèmes douaniers, etc., etc.;

3° Avec *l'instinct et la volonté de l'échange, la répartition, la consommation ;* avec les besoins des hommes, le luxe, etc.

Comme on voit, ce chapitre aurait pu servir de préambule à l'étude des questions économiques, car il en donne une division fort simple.

CHAPITRE XXI

LA DIVISION DU TRAVAIL

L'instinct de création qui existe chez beaucoup d'espèces d'animaux et qui donne lieu aux mêmes manifestations chez la même espèce, produit, au contraire, les manifestations les plus variées chez les individus de l'espèce humaine. Chez tous les hommes on peut constater une *manifestation prédominante de l'instinct* de production ; l'un a des aptitudes pour tel genre de production, l'autre en a pour tel autre genre. *La division du travail* est donc dans la nature ; elle est d'ailleurs la cause et le but de l'association ; les deux sont intimement liées ; l'une suit l'autre dans toutes ses fluctuations.

A l'association fatale et naturelle correspond une division fatale et naturelle du travail ; et une division rationnelle et voulue du travail entraîne une association rationnelle et voulue. Pourquoi les hommes s'associeraient-ils, si chacun pouvait faire

la chose que l'association .se propose de faire .
S'associer veut dire se partager une besogne qu'un
seul ne peut entreprendre ou exécuter jusqu'au
bout.

On peut donc, comme pour l'association, distinguer deux espèces de divisions du travail :

1° *La division fatale et naturelle*, laquelle se trouve
indiquée par la différence des capitaux et des conditions du travail suivant les différents pays. C'est
la division du travail *suivant l'espace*.

2° *La division artificielle et préméditée du travail :*
c'est la collaboration ou la coopération de plusieurs
à un produit déterminé ; c'est l'ensemble des opérations successives qu'on fait subir (ordinairement
sur place) à un produit avant de le livrer à la circulation ou à la consommation. Division du travail
suivant le temps.

La division rationnelle et préméditée du travail,
étant une institution humaine, est livrée à toutes les
vicissitudes, à tous les abus de la force auxquels
sont soumises les actions de l'homme. Lorsque la
fabrication d'un produit exige (ce qui est ordinairement le cas) la division du travail ou coopération,
celle-ci conduit à l'association forcée (l'ouvrier qui
a besoin de gagner sa vie doit prendre le premier
travail venu ; le patron est forcé d'engager des
ouvriers, lorsqu'il ne suffit pas seul à la besogne), et

l'association tournera toujours à l'avantage du plus
fort. La division du travail produit des résultats très
heureux ; elle a également ses mauvais côtés.

Au point de vue de la mécanique, la *division du
travail a pour but de décomposer un travail com-
plexe, difficile, en une infinité de travaux simples et
faciles.*

On a constaté que, en règle générale, tout travail, toute action humaine, réduite à sa plus simple
expression, peut être faite par une machine.

La division du travail *réduit l'homme à l'état de
machine ;* en revanche, elle permet dans bien des
cas de remplacer l'homme par une machine.

La machine est un effet de la division du travail
et de l'association, elle finit toujours par être une
des causes de la division du travail et de l'association.

CHAPITRE XXII

LA MACHINE

L'*outil* est toute chose dont l'homme se sert pendant son travail et qui supporte la plus grande partie de l'effet nuisible, de la réaction.

L'outil augmente bien la puissance de l'homme, mais il n'augmente pas sa force ; il modifie la qualité du travail, mais non pas, d'une façon appréciable, la quantité. L'outil sert l'homme, mais ne peut pas le remplacer.

La machine, au contraire, est l'outil qui multiplie la force de l'homme, qui augmente la quantité de son travail et qui peut remplacer la force de l'homme.

Les premières machines dont l'homme se soit servi sont sans doute les animaux domestiques. Un cheval peut transporter de plus grands fardeaux que l'homme ; il peut les transporter plus rapidement ; pour transporter un fardeau, un cheval peut remplacer plusieurs hommes ; le cheval augmente donc la quantité de travail d'un homme ; le cheval est une machine.

Les animaux domestiques sont des produits de l'industrie agricole ; presque tous peuvent devenir des machines à produire de la force motrice.

La « machine » par excellence, la locomotive dirigée sur les rails, peut transporter plus de marchandises que des milliers d'hommes, elle peut les transporter dix et vingt fois plus vite et plus souvent.

Les *métiers* sont à la fois machine et outil. Une infinité de travaux assez compliqués sont faits par les métiers, sous la direction d'un seul homme ou d'un petit nombre d'hommes.

Somme toute, le but de la machine la plus simple est de faire un travail très simple de l'homme, de le faire vite et souvent ; enfin, de remplacer la force de l'homme par toute autre force fournie par la nature.

Deux machines simples étant trouvées, l'homme est arrivé à les combiner en une troisième qui pouvait faire un travail plus compliqué de l'homme dans les mêmes conditions.

La conséquence de la multiplication et du perfectionnement des machines a été d'abord de modifier les associations industrielles et la division du travail ; ensuite d'augmenter la production ; puis, laproduction étant arrivée à suffire aux besoins momentanés de la consommation intérieure et extérieure, la conséquence a été de rendre superflu un grand nombre de travailleurs que les machines remplacent.

Toute nouvelle machine a pour effet immédiat d'enrichir un petit nombre d'individus et d'appauvrir un plus grand nombre d'autres. Toute introduction de machine nouvelle a pour conséquence la diminution de la troisième catégorie et l'augmentation de la première et de la quatrième catégories des hommes. L'expérience prouve la vérité de cette affirmation. C'est dans les contrées industrielles qu'il y a le plus de capitalistes et le plus de pauvres.

Le résultat final et continu de l'introduction des machines est l'augmentation des oisifs riches et pauvres. *Il n'est nullement vrai (ni en théorie ni en pratique) que les machines augmentent indéfiniment la production.*

Les hommes dont le travail a été rendu inutile par l'introduction des machines ne recommencent pas tous le travail dans une autre industrie ou une autre branche de l'industrie en question; les uns n'en ont pas besoin ; les autres n'en trouvent pas.

D'autre part, il se fait sur terre beaucoup d'actions improductives qui ne sont pas des travaux (et le nombre en augmente de plus en plus dans les pays civilisés); il se fait même beaucoup de tra-vaux (surtout en temps de crise) dont l'utilité est très contestable. On ne peut donc pas dire que le travail et la production augmentent indéfiniment par la multiplication des machines.

Il est également faux de prétendre, parce qu'*on soustrait* d'une façon continue un certain nombre d'individus à leurs occupations, que la production totale soit forcément diminuée et que la nation éprouve nécessairement, de ce chef, une perte.

Voici, par exemple, un raisonnement qu'on fait tous les jours. Si la France n'avait pas un budget de la guerre qui se monte, supposons, à 700 millions, elle ne ferait pas tous les ans une perte de 700 millions.

Si la France licenciait les 400,000 hommes qu'elle a sous les armes, ces 400,000 hommes pourraient gagner, à raison de 1,000 francs par an, 400 millions (400 + 700 = 1,100).

La France perd donc tous les ans plus d'un milliard ; elle s'appauvrit tous les ans d'un milliard. On peut en dire autant de toute l'Europe qui s'appauvrit ainsi tous les ans de 10 milliards. Donc les armées permanentes ruinent l'Europe. Cependant l'expérience prouve que, en prenant seulement les dix dernières années, l'Europe et principalement la plus grande puissance militaire de l'Europe se sont enrichies.

Le raisonnement ci-dessus est donc faux, et la démonstration en est facile. Un pays qui lève 700 millions d'impôts et dépense 700 millions ne change rien à l'ensemble des richesses ; il modifie simplement la répartition. Donc les 700 millions du budget de la guerre ne constituent pas une perte pour le pays.

Ensuite, on peut dire qu'un certain nombre des 400,000 hommes avaient de la fortune et auraient été des oisifs s'ils n'avaient été militaires, et même que leurs occupations professionnelles les empêchent de dépenser tous leurs revenus improductivement. On peut dire encore qu'une partie des 400,000 hommes n'aurait pas pu produire, ou n'aurait pas trouvé de travail ; enfin que *les machines remplacent avantageusement des milliers d'hommes* et que, finalement, le travail probable et rendu impossible des 400,000 hommes n'est pas une perte dans les conditions actuelles de la nation.

La force armée favorise d'ailleurs la production ; elle sert à procurer la sécurité. Elle a encore des raisons d'être dans les instincts de la nation.

CHAPITRE XXIII

L'INSTINCT DE CONNAITRE, L'INSTRUCTION

L'instinct de connaître est une variété de l'instinct de possession. En effet, connaître une chose, c'est posséder toutes les idées des propriétés que cette chose renferme. L'instinct de savoir tient également de l'instinct de production sur lequel il a une grande influence. Il est impossible qu'un homme ait l'instinct de création très développé, s'il n'a pas l'instinct de connaître.

L'instruction de l'individu, de la nation, n'est pas un élément né "geable pour l'économie politique.

L'homme, avant de pouvoir pénétrer les propriétés des choses, devait tenir à les posséder. Le besoin de connaître ne s'est manifesté que le jour où l'instinct de possession commençait à être satisfait. Avant d'avoir le besoin de savoir, l'homme sent la nécessité d'agir. Chez les peuples primitifs, le savoir est forcément négligé en faveur de l'action.

L'instinct de connaître grandit avec la civilisation.

Les sciences, les lettres ne sont cultivées que par les peuples et les individus arrivés à une période avancée de la civilisation. Et l'instinct de savoir finit souvent par se substituer aux instincts qui demandent l'action musculaire. La force du corps diminue et celle de l'esprit augmente. Chez une nation la trop grande tendance à l'étude est un signe de décadence.

Les fins de civilisations sont toujours marquées par une multitude de poètes, littérateurs, orateurs, législateurs, d'artistes et de penseurs.

Cependant l'instinct de production va de pair, jusqu'à un certain point, avec l'instinct de connaître, l'instruction.

L'homme qui travaille agit ; pour agir utilement, il est nécessaire de connaître plus ou moins les choses sur lesquelles va se porter l'action ; le degré de connaissance est déterminé par le genre de produit à obtenir.

La production, dans son ensemble, comprend une infinité d'arts différents, plus ou moins élevés, plus ou moins faciles. Et à chaque art correspondent des résultats d'une ou de plusieurs sciences qu'un homme peut connaître instinctivement ou qu'il peut apprendre.

Au point de vue de l'économie politique il y a donc un enseignement qui est préférable aux autres ; il y a des connaissances générales qu'il faut donner à tous les individus ; il y en a d'autres qu'il ne faut donner qu'à une partie de la nation.

L'instinct de connaître est utile à l'instinct de création, mais il peut lui être nuisible s'il se développe aux dépens de celui-ci.

A tout apprendre, l'homme n'a plus le temps de rien produire.

L'instruction générale influe sur la production, la circulation, la répartition et la consommation des richesses, mais son influence n'est pas nécessairement ni toujours salutaire ; et c'est une grosse erreur de croire que la diffusion de toutes les connaissances humaines augmentera la prospérité économique d'une nation.

La connaissance d'une chose est utile d'une façon générale :

1° Lorsqu'elle est utile à un grand nombre d'hommes, dans beaucoup de circonstances ;

2° Lorsqu'elle est utile à elle-même, qu'elle sert à augmenter le fonds des connaissances humaines.

Prenons pour exemple la chimie, une science utile s'il en fut jamais, et prenons un produit tel que le savon à la création duquel la chimie a une certaine part.

Pour apprendre à un homme l'usage et l'utilité du savon, il n'est pas nécessaire de lui enseigner la chimie ; pour apprendre à l'ouvrier savonnier la fabrication du savon, il est bon de lui donner quelques notions de chimie ; enfin l'inventeur de savon doit nécessairement connaitre une partie de la chimie ; et le chimiste qui voudra augmenter le fonds des connaissances humaines dans sa science, le professeur, chargé de l'enseigner, doivent la connaitre intimement et dans toutes ses parties.

L'instruction doit donc être graduée dans le temps et dans l'espace, suivant la profession et l'âge de l'homme. Pour ne pas nuire à la production, elle ne doit pas absorber toutes les forces de l'homme pendant trop de temps; elle ne doit pas tendre à donner à tous les individus le même fonds de connaissances.

L'instruction est donc une chose d'utilité relative. *Une nation d'ignorants et une nation de savants* se trouveraient toutes deux dans de mauvaises conditions au point de vue de la production.

CHAPITRE XXIV

L'HABITUDE, LA COUTUME, L'INSTINCT DU CHANGEMENT, LA VERSATILITÉ

Lorsque l'homme fait une chose pour la première fois, il tâtonne ; il ne la fait que par un effort de la raison qui lui montre la voie et les moyens de la faire. La raison, si on peut s'exprimer ainsi, apprend à l'instinct la manière d'opérer ; puis, petit à petit, la raison cesse d'intervenir, de diriger l'action ; celle-ci devient inconsciente, instinctive, et l'homme a *acquis l'habitude de l'action.*

Faut-il faire ressortir l'importance des habitudes au point de vue de l'économie politique et de ses principaux phénomènes ?

L'homme se fatigue vite en faisant des efforts de raison réitérés ; aussi, pour que l'homme travaille vraiment d'une façon continue, pour qu'il produise, il faut que son action devienne instinctive, machinale ; il faut que l'homme s'en fasse une habitude.

La raison n'est pas une faculté créatrice : elle discerne, elle dirige, elle indique la voie, mais c'est l'instinct qui agit, qui crée, qui produit.

Les habitudes jouent donc, au point de vue économique, un grand rôle dans la vie humaine. La division du travail serait impossible sans les habitudes. Celles-ci rendent la production continue, par conséquent le progrès plus ou moins durable ; elles accroissent le capital en accumulant travail sur travail.

Mais il y a des habitudes défavorables à la production, comme il y en a de favorables. En général, toute cause chez l'homme peut avoir deux effets opposés ; et les mêmes habitudes qui créent la civilisation dans un pays la tuent dans l'autre.

Les coutumes d'un pays, d'un peuple, d'une nation sont l'ensemble des habitudes prédominantes de tous les individus. Les observations qui précèdent s'adressent également aux coutumes.

Mais l'homme, en dépit des habitudes, a *l'instinct du changement*, le désir du nouveau, l'aspiration vers l'inconnu.

Si les habitudes affermissent un progrès, une fois acquis, l'instinct du changement recherche un nouveau progrès, plutôt quelque chose de nouveau dont on ne peut pas dire si c'est un progrès ou non.

La production, la circulation, la consommation

ont subi et subissent tous les jours des transforma-
tions dues à l'instinct de changement des hommes.
L'économie politique doit les admettre, même quand
elle ne peut pas toujours les approuver.

Quand l'instinct de changement, l'esprit d'innova-
tion devient trop prépondérant, l'homme ou la nation
tombent dans *la versatilité* qui est l'opposé de la
routine. Les deux peuvent être un caractère de la
décadence politique et économique.

CHAPITRE XXV

LES INDUSTRIES ET LES ARTS

Sous le nom d'industries et arts on désigne l'ensemble des manifestations de l'activité humaine. Une classification des industries et des arts doit nécessairement s'appuyer sur les différentes espèces de travaux et les différentes espèces de capitaux.

Le travail étant un changement de forme ou de lieu opéré par l'homme sur les hommes et les choses, on peut établir la classification des industries et des arts sur les différentes espèces de changement.

D'abord il y a lieu d'établir une distinction entre l'art et le métier. *L'industrie* peut être regardée comme la réunion de plusieurs arts, exercés en grand, dans lesquels on emploie, ou dans lesquels on peut employer *des machines*.

L'art est la réunion de plusieurs travaux exécutés directement par l'homme dans un but déterminé, avec l'aide d'un plus ou moins grand nombre *d'outils*.

Le métier tient le milieu entre l'art et l'industrie ; c'est un art peu élevé ; c'est une petite industrie dans laquelle l'emploi de machines est possible.

On peut distinguer les industries et les arts suivants :

Quand il y a changement de forme opéré sur les choses: l'industrie manufacturière, l'industrie constructive, les beaux-arts ;

Quand il y a changement de lieu opéré sur les choses et les hommes: l'industrie du transport, le commerce ;

Lorsqu'il y a changement de forme et de lieu opéré sur les choses : l'industrie agricole, l'industrie extractive (mines, chasse, pêche) ;

Quand il y a changement de forme opéré sur les hommes: l'industrie et l'art de l'enseignement, l'art de gouverner, l'art de guérir, etc. ;

Quand il y a changement de forme et de lieu opéré sur les hommes et les choses: l'art militaire.

Nous croyons devoir répéter ce que nous avons dit ailleurs des classifications; la meilleure est toute arbitraire et n'a pas de fondement réel, absolu.

Les différentes industries et arts que nous indiquons peuvent servir de type, pour mieux expliquer l'ensemble de l'activité humaine ; mais il ne faut pas y chercher autre chose. Rien n'est donc plus absurde que d'établir une prééminence entre les dif-

férentes industries qui n'existent et ne peuvent
exister séparément, qui ne sont que des notions
différentes d'une même chose : l'activité humaine.

Dans une industrie vous retrouverez des éléments
de toutes les autres ; pour *qu'une industrie ou un
art puisse prospérer, il faut que tous les arts, toutes
les industries prospèrent, chacune dans une certaine mesure.*

Certainement, il y a des travaux qui sont plus
utiles les uns que les autres ; nous dirons que les
travaux les plus utiles en tout temps et en tout lieu
sont ceux qui ont directement pour objet la satisfaction de l'instinct de conservation de l'individu et
de l'espèce. Avant tout, l'homme a besoin de se
nourrir et de se protéger contre les choses et les
hommes. L'homme a besoin de manger, de boire,
de dormir, de se vêtir, de s'abriter et de s'associer pour se défendre contre les dangers qui le
menacent.

Est-il possible de mettre ces travaux dans une
seule industrie ? Est-ce que ces travaux ne tiennent
pas de toutes les industries ?

Prenez la civilisation la plus rudimentaire ; considérez une tribu d'Indiens de l'Amérique. Pour vivre,
ne sont-ils pas forcés d'être adonnés à la chasse, à
la pêche, à la culture de certaines plantes, de
fabriquer certains objets, de vendre et d'acheter,

d'être constructeurs, médecins, guerriers, de se gouverner, de s'instruire ?

Naturellement, comme ils font toutes choses, ils n'en poussent aucune à la perfection, mais toutes les industries se trouvent en germe dans leurs travaux.

Quand l'homme s'est multiplié, le travail a augmenté et s'est spécialisé ; quand l'association humaine s'est agrandie, la division du travail s'est étendue, et *les industries, les arts et les métiers ne sont que des parties de la grande division du travail fatale et naturelle.*

Il existe donc aujourd'hui des industries et des arts en nombre considérable, et, comme nous l'avons dit, une industrie qui prospère en fait naître et prospérer beaucoup d'autres. C'est immédiatement à côté des grands centres industriels qu'on voit l'agriculture la plus florissante ; peut-être, dans nulle contrée du monde, on ne travaille autant le fer que dans le petit département de la Seine ; cependant ce département ne renferme ni minerai de fer, ni houille. On peut prouver que l'industrie du fer s'y est développée, parce qu'une infinité d'autres industries et arts y florissaient.

Une industrie, un art, est *cause et effet* d'autres industries, d'autres arts. Ce qui s'appellera dans la circulation *débouché. Une industrie est un débouché pour toutes les autres.*

7

Mais il n'est pas vrai qu'une industrie ait également besoin de toutes les autres. Non, chaque industrie, chaque art n'entre et ne doit entrer que pour une certaine proportion dans l'ensemble de l'activité humaine. Qui détermine cette proportion pour chaque industrie? L'action aveugle des hommes et des choses, la fatalité. L'homme qui veut, de parti pris, changer cette proportion en donnant trop d'importance à une industrie, commet l'erreur économique la plus grave qu'il puisse commettre : il prépare *la crise*.

Nous le répétons : les travaux les plus importants en tout temps et en tout lieu sont ceux qui permettent à l'homme de se nourrir et de se protéger contre le milieu dans lequel il vit. Toutes les industries concourent à ces travaux, mais dans des proportions toujours inégales suivant le temps et l'espace.

L'égalité n'existe pas entre les différentes industries, mais il y a une certaine *harmonie* entre elles. Pour que l'harmonie continue à exister dans la production, il est nécessaire :

1° *Que l'homme n'exagère pas volontairement l'importance* d'une industrie en regard des autres industries, des débouchés ;

2° *Que l'homme réduise suivant une certaine proportion* toutes les industries lorsqu'une seule d'entre elles est restée, pour une cause ou pour une autre, en-dessous de sa proportion ordinaire.

Lorsque l'harmonie entre les différentes industries est rompue, il se produit le phénomène économique connu sous le nom de crise. Nous en parlerons plus loin.

Les industries et les arts ont donné lieu à des propriétés diverses, à des droits de possession qui se sont établis de différentes manières.

L'industrie manufacturière, l'industrie agricole, l'industrie constructive, les arts industriels donnent lieu à la *propriété foncière*, la *propriété bâtie*, la *propriété mobilière*, la *propriété des marques de fabrique*, la *propriété des brevets*, etc.

L'industrie du transport appelle des questions sur la *propriété des routes, canaux, chemins de fer, des fleuves et de la mer*.

Le commerce a créé la *propriété des fonds de commerce*.

Les beaux-arts ont donné naissance à la *propriété artistique*, à la *propriété littéraire*.

Dans l'industrie extractive, on rencontre la *propriété des mines*, celle *de la pêche*, celle *de la chasse*.

L'enseignement peut constituer un *monopole légal*, c'est-à-dire la propriété de l'État.

Le gouvernement est de *droit divin*, c'est-à-dire la propriété d'une certaine famille, ou encore, il est la *propriété du peuple souverain*. On y rencontre la *propriété des emplois publics, l'inamovibilité*.

Les carrières libérales ont la *propriété des diplômes*, la *propriété des charges*.

L'art militaire a donné lieu à la *propriété des grades*.

Les formes de la propriété sont donc très diverses. Toute propriété existe par la force et peut être modifiée par la force.

CHAPITRE XXVI

LA CIRCULATION

La circulation est l'ensemble des échanges, c'est la totalité des capitaux considérés comme en mouvement.

Si la production et la consommation concernent principalement le travail comme changement de forme, la circulation et la répartition se rapportent au travail comme changement de lieu.

La circulation est le passage de la production à la consommation et le retour de celle-ci à la production. C'est donc un phénomène lié à toute production et à toute consommation ; c'est le phénomène qui lie les deux.

En théorie seule, on peut distinguer l'une de l'autre ces trois opérations ; en réalité, elles sont toujours unies, mais en proportion inégale. Dans le phénomène de la circulation, il y a de la production et il y a de la consommation. Aussi toutes les remarques faites à propos de la production sont applicables à la circulation.

La circulation étant une action humaine produit toujours deux effets : l'un, utile, l'autre, nuisible, et la circulation ne sera utile que si l'effet utile en est plus grand que l'effet nuisible.

L'effet utile de la circulation est de mettre les capitaux et produits à la disposition des producteurs et des consommateurs. L'effet nuisible peut être de surélever parfois la production, ou d'augmenter la consommation non productive ou encore de détériorer les capitaux, les produits, par suite du transport.

On peut distinguer la circulation suivant l'espace et la circulation suivant le temps.

La circulation suivant l'espace comprend : les capitaux dits circulants, les capitaux flottants, la monnaie ou capital auxiliaire de la circulation ; d'une façon générale, les marchandises, les produits.

La circulation suivant le temps est la transmission des capitaux fixes. De sa nature, celle-ci est beaucoup plus lente que la première ; elle est encore ralentie par les obstacles que la loi met à la transmission des capitaux fixes (droits de succession, de mutation, etc.).

La circulation suivant l'espace, la circulation proprement dite, est limitée à la durée de l'objet circulant. Aussi, fallait-il choisir pour les objets circulants par excellence, pour l'outil ou le capital auxiliaire de la circulation, des choses très dures, très résistantes, telles que l'or et l'argent. Et encore l'or et l'argent finissent par s'user. C'est une des raisons pour lesquelles on a, en partie, remplacé la monnaie par le signe représentatif, par la monnaie de papier, dont la valeur intrinsèque est si minime qu'à proprement parler l'usure est nulle.

CHAPITRE XXVII

CONCURRENCE ET MONOPOLE

Nous avons essayé, au début de cette étude, de montrer que l'homme peut avoir, dans un petit nombre de cas, la liberté d'agir, mais qu'en règle générale il ne l'a pas. L'homme n'est pas libre, en sa qualité d'être doué de raison, d'agir comme il veut, parce que sa volonté est considérablement restreinte par ses instincts et par la fatalité, l'action du temps et de l'espace.

Dans le sens absolu du mot, l'homme n'est pas libre de travailler, de posséder, de produire, d'échanger, de consommer. L'homme n'est pas libre d'exercer la profession qu'il veut, ni de régler la valeur, le prix de ses produits, ni de régler son salaire, en un mot, il n'est pas libre de vivre comme il veut.

D'individu à individu, d'individu à nation, de nation à nation, des hommes aux choses, la lutte existe : chacun veut travailler le moins (prendre le moins de peine); chacun veut produire le plus; chacun veut consommer le plus; chacun veut dominer; chacun veut tirer le plus de parti des hommes et des choses. Chacun dépend donc de sa force de volonté, de la force de ses instincts et de la force des choses, de la force du milieu.

Cette lutte universelle s'exerce dans les plus grandes choses comme dans les plus petites. Elle est faite d'une infinité de compétitions entre individus, familles, nations, races, et le résultat de ces compétitions, en un moment donné, en un lieu donné et pour un fait donné, est la victoire du plus fort, du plus favorisé.

La lutte universelle pour l'existence peut être la lutte ouverte, *la guerre*, ou la lutte pacifique et économique, *la concurrence*.

La concurrence existe dans la production, dans la circulation et la consommation.

Si nous n'en avons pas parlé plus tôt, c'est parce que la concurrence se fait principalement sentir pendant l'action d'échanger, dans la circulation des richesses; elle trouve sa véritable expression dans *l'offre et la demande*.

La concurrence est comme la guerre, dont elle n'est qu'une autre forme, un *fait nécessaire, fatal*, dont l'homme peut limiter l'action, mais qu'il ne peut pas détruire.

La concurrence est un effet de la force ; la force peut la limiter.

A la fin de chacune des innombrables compétitions, il y a un vainqueur, le plus fort, le plus heureux qui se constitue alors un *monopole* vis-à-vis de celui ou de ceux qui étaient engagés dans la lutte ; mais ce monopole n'a qu'une étendue limitée dans l'espace et dans le temps ; d'autres veulent acquérir le même monopole, et la lutte recommence.

Toute concurrence est donc la compétition de plusieurs monopoles vers un autre monopole plus étendu.

Il suit de là que la concurrence est toute relative et qu'un monopole n'est jamais absolu.

Ce qui est en concurrence ici est hors concurrence, est monopole plus loin ; ce qui est monopole aujourd'hui peut être en concurrence demain.

Un monopole peut limiter d'une façon naturelle, fatale, la concurrence ; dans ce cas, il est dit *monopole naturel*. Ou encore, un monopole peut limiter la concurrence légalement ; il est appelé alors *monopole légal*. Enfin, un monopole peut être à la fois naturel et légal.

Tel grand magasin de Paris possède un monopole vis-à-vis de beaucoup de petits magasins, trop faibles pour lutter avec lui ; mais ce même grand magasin est en concurrence avec tel autre du même genre.

La régie du tabac et des allumettes possède en
France un monopole légal, mais à l'Étranger elle
se trouve en concurrence avec d'autres fabricants
de tabac ou d'allumettes.

La Compagnie des chemins de fer de Paris à Lyon
et à la Méditerranée possède le monopole du transport, par le chemin le plus court et le plus rapide,
de Paris à Marseille.

Ce monopole est légal, parce qu'il faudrait d'abord
l'autorisation du Gouvernement et des Chambres
pour construire une ligne parallèle (si la chose était
matériellement possible) à la ligne Paris-Lyon-Méditerranée.

Mais pour d'autres parcours, par exemple de Paris
à Venise, la ligne Paris-Lyon-Méditerranée peut se
trouver en concurrence avec la Compagnie de l'Est
et la ligne du Saint-Gothard.

Il n'existe donc pas un seul monopole universel ou
absolu. En revanche, il existe une infinité de petits
monopoles naturels.

La concurrence est faite de la lutte de beaucoup
de petits monopoles et elle est limitée par d'autres
monopoles.

Il ne faut donc pas s'exagérer les bienfaits de la
concurrence, parce qu'elle n'est pas si développée
qu'on pourrait le croire.

En revanche, il ne faut pas trop s'exagérer les

conséquences funestes des monopoles, parce que leur nombre est plus grand qu'on ne le suppose.

Les douanes donnent lieu à des monopoles intérieurs en diminuant la concurrence étrangère.

Les impôts créent des monopoles au profit de l'étranger, en facilitant la concurrence du dehors.

Toutes les charges vénales (de notaire, huissier, agent de change, avoué), toutes les fonctions publiques constituent des monopoles légaux vis-à-vis du public, mais se trouvent ou peuvent se trouver en concurrence entre charges et fonctions *congénères*.

En général, toute position acquise, quand il s'agit d'un homme, toute position privilégiée, quand il s'agit d'une chose, constituent des monopoles naturels.

L'ouvrier le plus intelligent, le plus fort, le plus heureux d'un atelier possède un monopole vis-à-vis de ses camarades, mais il peut se trouver en concurrence avec tel ouvrier d'un autre atelier.

En général, un homme de talent possède un monopole vis-à-vis d'un homme moins doué, moins heureux et il peut se trouver en concurrence avec d'autres aussi bien doués que lui.

Une pièce de terre, une maison, une rue, une ville, une contrée, un territoire entier peut avoir un monopole vis-à-vis d'une autre pièce de terre, d'une maison, d'une rue, d'une ville, d'une contrée, d'un territoire, et peut se trouver en concurrence avec des congénères.

Le monopole est tout avantage de forme ou de place, momentané ou durable, plus ou moins étendu, qu'un homme possède directement ou indirectement (par l'intermédiaire d'une chose) sur d'autres hommes.

Le monopole, de quelque nature qu'il soit, donne lieu à un *revenu spécial, appelé la rente.*

Le monopole résultant de la situation d'une chose, d'un avantage matériel, produit *la rente du capital.*

Le monopole résultant de la position d'un homme, d'un avantage moral, produit *la rente du travail.*

La concurrence, c'est la lutte : elle est dans la nature des hommes et des choses ; elle a toujours existé et existera toujours. La concurrence est un fait nécessaire ; il est donc inutile de s'appesantir sur ses avantages et ses désavantages. La force peut poser des limites à la concurrence, mais ne peut pas l'empêcher de s'exercer entre ces limites et ne peut jamais la détruire.

La concurrence est une des formes de la lutte pour l'existence ; la guerre en est l'autre.

De même, le monopole naturel est un fait fatal, nécessaire ; il n'est ni juste ni injuste. Tous les monopoles sont un résultat de la force. Le monopole

légal est établi par le Gouvernement ; il est con-
damnable, quand il n'a pas pour but un intérêt public
qu'il est difficile, sinon impossible, d'obtenir par
une autre voie. Certains monopoles légaux, tels que
le monopole du tabac, celui des allumettes, sont des
impôts.

Le monopole d'un chemin de fer, par exemple de
Paris-Lyon-Méditerranée, est plutôt naturel que légal.
Le Gouvernement autoriserait la création d'une ligne
parallèle qu'il ne trouverait peut-être pas de Compagnie pour la construire.

Si cette deuxième ligne existait, la concurrence
serait possible, mais rien ne prouve qu'elle serait
réelle, car rien n'empêcherait les Compagnies rivales
de s'entendre et de transformer la concurrence,
ruineuse pour elles, en un nouveau monopole.

CHAPITRE XXVIII

L'OFFRE ET LA DEMANDE

Théoriquement, si l'homme était complètement libre, le phénomène de l'offre et de la demande devrait être le suivant :

L'homme cède à la société une partie des revenus, de ses capitaux ou de son travail, et la société lui donne en échange une portion de toutes les richesses, en proportion de la valeur des revenus offerts. On voit tout de suite combien la réalité est loin de la théorie.

D'abord l'homme n'est pas libre d'offrir, parce qu'il n'est pas libre de produire.

Ensuite l'homme ne peut pas faire son offre à toute la société ; il ne peut la faire qu'à une petite fraction de la société ; cette fraction de la société ne dispose que d'une petite partie de certaines richesses et non pas de toutes les richesses ; enfin elle ne peut pas donner en échange une partie de ces richesses, proportionnelle à la valeur des choses offertes, parce qu'elle n'en connaît pas la valeur absolue, parce qu'elle n'a pas le pouvoir de fixer la valeur d'une chose.

Le phénomène de l'offre et de la demande ne dépend que dans une partie infiniment réduite de la volonté, de l'action directrice de l'homme.

L'offre et la demande constituent deux actions différentes ; si même on admet qu'un homme soit libre dans certains cas de faire l'offre, cet homme n'est en aucun cas libre de provoquer la demande.

Le phénomène de l'offre et de la demande est donc régi par cette force aveugle qui résulte des instincts de l'homme et de l'action de l'espace et du temps.

CHAPITRE XXIX

LA VALEUR ET L'ÉCHANGE

L'échange est la véritable manifestation de l'instinct d'association en sociabilité de l'homme; il est la conséquence nécessaire de la division du travail. Pas plus que l'association ou la division du travail, l'échange n'est libre; il peut être libre dans certains cas pour un homme; mais, en règle générale, il est forcé.

L'échange se fait toujours de capital ou produit à capital ou produit; car, échanger un travail contre un capital veut dire céder les effets utiles de ce travail, accumulés sur une chose (matérielle, morale), contre un autre capital (chose quelconque ou monnaie).

La valeur d'une chose est l'équation qui s'établit au moment de l'échange entre cette chose et une autre chose.

La valeur d'une chose n'a rien de réel ni de fixe;

8

c'est la moyenne de deux opinions différentes qu'on se fait, à un moment donné, de cette chose, en comparaison avec une autre chose.

Il faut au moins deux hommes et deux choses pour fixer cette qualité relative d'une chose d'avoir de la valeur.

Et cette valeur dépend donc de l'opinion la plus influente, c'est-à-dire de l'opinion du plus fort.

Ainsi, il ne faut pas nécessairement que les avantages retirés, de part et d'autre, d'un échange soient égaux. En tout cas, il est impossible de le savoir, car il n'y a pas de moyen pour déterminer les avantages, la valeur à venir de deux choses échangées. La force aveugle des instincts et des choses règle l'échange et donne à toute *chose son pouvoir d'échange.*

La valeur d'une chose est la détermination, à un moment donné et dans un certain lieu, du pouvoir d'échange de cette chose.

La valeur est la qualité des choses de pouvoir satisfaire les besoins de ceux qui n'ont pas ces choses et se manifeste dans l'échange.

L'utilité est la qualité des choses de pouvoir satisfaire les besoins de ceux qui ont ces choses, en dehors de l'échange et sans considération des autres hommes.

Il suit de là que *tout ce qui a de la valeur a de*

l'utilité ; mais une chose peut être utile à un seul homme, à l'exclusion de tous les autres ; il s'ensuit que *telles choses qui ont de l'utilité n'ont pas forcément de la valeur.*

Le *débouché* est l'ensemble des moyens dont l'homme dispose pour faire l'échange.

Nous avons dit qu'une industrie est le débouché de toutes les autres ; nous pouvons rendre la définition complète en disant que *toute production, toute circulation et toute consommation sont des débouchés pour toutes les productions.*

La valeur d'une chose dépend de *l'étendue du débouché* que cette chose fournit à toutes les autres.

Un objet aura d'autant plus de valeur qu'il sera plus utile, plus rare et que les autres produits contre lesquels il peut être échangé seront plus abondants et plus variés.

Une conséquence de ce principe est que toute industrie florissante (manufacturière, agricole, etc.) conduit au luxe.

Quand l'industriel, ou le commerçant, aura acquis tous les produits dont il a besoin, il prendra, en échange de ses propres produits, tous les objets qui ont de la valeur mais qui n'ont souvent qu'une utilité secondaire (dont la consommation sera peu ou non productive).

Il y a lieu de distinguer entre l'échange fait par

de simples individus et l'échange considéré comme s'il était fait par un ensemble d'individus, par une nation.

Une nation n'échange que par le fait que les individus échangent.

L'échange international est donc composé de beaucoup d'échanges individuels, répétés beaucoup de fois.

Toute nation possède un certain fonds de capitaux natifs. Il est clair que si elle opère l'échange uniquement sur ces capitaux, elle finit par s'appauvrir, à moins qu'elle n'acquière également des capitaux natifs d'une autre nation.

L'Espagne, après la découverte de l'Amérique, a échangé de grandes quantités de métaux précieux contre les produits manufacturés d'autres pays: elle s'est appauvrie. Jamais on n'a vu une contrée minière s'enrichir en proportion des richesses qu'elle envoie dans d'autres contrées.

L'Angleterre, au contraire, et la Hollande ont échangé des produits manufacturés contre des capitaux natifs, des matières premières et des produits manufacturés: ces deux pays se sont enrichis.

Tout peuple, toute nation, toute association d'hommes possède un fonds de capitaux natifs plus ou moins fixe qui, à la rigueur, peut être diminué mais non augmenté.

Chaque peuple possède également une puissance de travail qui n'est pas fixe, qui peut être augmentée, qui peut être reconstituée.

Si un peuple arrive à accumuler beaucoup de résultats utiles de son travail sur une petite partie de ses capitaux natifs, il aura, pour faire l'échange, des produits de beaucoup de valeur; il échangera ces produits avec avantage contre des produits *moins travaillés*, mais plus abondants que les siens propres.

La véritable cause de ce phénomène est que les effets utiles d'un travail ne sont que plus ou moins durables, et qu'en règle générale ils ne durent jamais aussi longtemps que le capital natif.

La nation qui échangera donc un petit capital natif, plus une accumulation de beaucoup de travail, contre un capital natif considérable, augmenté seulement d'une petite accumulation de travail, doit gagner à cet échange, puisqu'elle ne perd qu'un petit capital et qu'elle en obtient un autre plus grand, puisque son travail peut être recommencé, tandis que les effets utiles de ce travail, accumulés sur l'objet exporté, sont peu à peu détruits par l'action de l'espace et du temps.

Prenons un exemple très frappant : considérons les fleurs artificielles que Paris échange avec Londres contre de la houille ou de la coutellerie anglaise. Les fleurs artificielles n'ont de valeur que dans leur forme; la matière première qui est entrée dans la fabrication de ces fleurs a une valeur minime (fil de fer, papier ou toile, matière colorante, colle).

La valeur de là fleur artificielle devient nulle au bout de peu de temps, tandis que les couteaux servent longtemps et que la houille donne des utilités qu'on peut retrouver dans toute une série de produits, à la fabrication desquels la houille a servi directement ou indirectement.

En concluant, on peut dire *que, dans l'échange universel, la ville, la contrée, la nation la plus puis-sante est celle qui peut le plus souvent échanger un petit nombre d'objets le plus travaillés contre un grand nombre d'objets moins travaillés et contre de la matière première.*

Le travail ininterrompu seul fait la richesse d'une nation; et la valeur des produits dépend beaucoup de la puissance de travail.

C'est une subtilité de dire que l'homme *jouit gratuitement* de certaines choses fournies par la nature, telles que l'eau et l'air, et que ces choses n'ont aucune valeur bien qu'elles aient de l'utilité.

D'abord, l'air et l'eau, pris dans leur ensemble, *sont des choses nécessaires;* par conséquent, il ne peut être question ni d'utilité, ni de valeur.

Mais si l'homme veut avoir *une certaine quantité*

de tel air, de telle eau, il ne l'a pas gratuitement ;
il la paie ; il doit donner quelque chose en échange.
Quand il paie son habitation, il compte, dans le prix
d'achat ou dans le loyer, l'air et l'eau qu'il peut y
avoir dans sa maison ou autour de sa maison.

Utilité et valeur sont des termes relatifs ; nécessité
est un terme absolu ; il est impossible de les con-
fondre. Comment parler de la valeur d'une chose
quand elle est nécessaire ? L'air et l'eau dans leur
ensemble sont nécessaires ; mais, pris *par volume,*
ils sont appropriables et échangeables.

On peut dire la même chose de la terre qui, *prise
en globe,* est une chose nécessaire et, par conséquent,
sans valeur d'échange ; mais, prise *par parcelles,*
elle peut être rendue utile ou elle peut rester inutile ;
elle est appropriable et échangeable : elle a de l
valeur.

*La valeur d'une chose résulte au fond d'une seule
condition : de l'offre et de la demande.*

Mais les causes de l'offre et de la demande sont
variables ; on peut citer entre autres pour la
demande :

1° Le besoin que l'homme a d'une chose ;

2° Les moyens que l'homme a d'acquérir cette
chose ;

3° L'utilité directe et indirecte ;

4° L'appropriabilité ;

5° La rareté ;

. 6° Le fait de ne pas avoir à subir les effets nuisibles des travaux qu'il a fallu faire pour produire cette chose.

Pour l'offre :

1° Le besoin qu'on a d'autres choses ;

2° L'absence d'autres moyens d'acquérir ces choses ;

3° L'utilité indirecte de la chose offerte ;

4° L'échangéabilité ;

5° L'abondance ;

6° Le fait de devoir réparer les effets nuisibles des travaux qu'il a fallu exécuter sur cette chose (les frais de production).

L'offre étant le phénomène inverse de la demande, les déterminants de l'une sont les déterminants de l'autre, mais en sens inverse.

La valeur varie naturellement avec les éléments qui la déterminent. Si tous ces éléments variaient librement, la valeur le ferait aussi. En théorie, les choses se passent ainsi, mais non en réalité.

En réalité, sont-ils libres les hommes qui, poussés par le besoin, l'intérêt ou la force des choses, doivent demander des produits ou des ouvriers? Et ceux que la nécessité contraint à offrir leurs produits ou leur travail, sont-ils libres de le faire ?

Le droit du plus fort qui régit l'offre et la demande,

la concurrence, qui fait les monopoles, est en dernier lieu, le seul et véritable déterminant de la valeur.

Lorsque *la valeur d'une chose baisse,* la valeur de toutes *les choses contre lesquelles la première* s'échangeait, *se trouve haussée;* il faut moins de toutes ces choses pour équivaloir à la même quantité de la première chose.

L'ensemble des richesses forme une quantité incalculable d'utilités, mais n'a pas de valeur, puisque l'ensemble des richesses n'est pas échangeable. Mais les richesses individuelles sont échangeables, *et la valeur d'une richesse est le rapport de cette richesse à une, plusieurs ou toutes les richesses.* Représentons, par exemple, un groupe de richesses par 100 et une autre richesse par 4. La valeur sera indiquée par le rapport $\frac{4}{100}$ pour la dernière et par $\frac{100}{4}$ pour le groupe. Si le rapport $\frac{4}{100}$ (la valeur d'une richesse) diminue et devient $\frac{3}{100}$, le rapport qui indique la valeur du groupe devient $\frac{100}{3}$, c'est-à-dire qu'il augmente.

CHAPITRE XXX

LE PRIX

L'homme ne connaît pas et ne connaîtra jamais la substance des choses. Pour lui, tout ce qui est, est infiniment grand et infiniment petit comme étendue dans l'espace et dans le temps ; il n'en connaît pas les limites.

Mais l'homme peut prendre une limite artificielle, un point de départ ; il rapportera toutes choses à une chose ; toutes qualités, idées, à une qualité, une idée ; toutes longueurs, surfaces, volumes, nombres, à une longueur, surface, un volume, nombre.

Alors l'homme peut connaître les choses *par rapport* à la base qu'il a adoptée ; il peut les connaître ensuite l'une par rapport à l'autre.

Pour avoir une notion plus claire de la valeur de toutes choses, l'homme a pris, suivant sa condition, la valeur d'une certaine chose pour base ; comme point de comparaison il a pris le blé, le bétail, la

journée de travail, le riz, le fer, le cuivre, et surtout
et partout l'or et l'argent. Cependant, aucune de
ces choses n'a une valeur invariable; aussi, il n'a
jamais été possible d'établir la valeur exacte de
toutes les choses.

*Le prix est la valeur de toute chose rapportée à
la valeur de l'or et de l'argent.*

Tout ce que nous avons dit de la valeur peut s'ap-
pliquer au prix. Cependant prix et valeur ne sont
pas forcément identiques.

Le prix résulte de l'emploi du capital auxiliaire,
de la monnaie, dans le phénomène de l'échange.

Au lieu qu'un homme échange directement une
chose contre une autre, il l'échange d'abord contre
de l'or et de l'argent; puis il échange l'or et l'argent
contre d'autres choses. Deux quantités égales à une
même troisième sont égales entre elles. Deux valeurs
égales à un même prix peuvent être égales entre
elles, mais ne le sont pas nécessairement, car le
prix, c'est-à-dire la valeur en or et en argent peut
avoir changé pendant le temps qui s'est écoulé
depuis la première partie de l'échange jusqu'à la
deuxième et d'après la différence des lieux où l'une
et l'autre se sont faites.

Le prix des choses dépend, pour la demande de
la chose et l'offre, de l'or et l'argent :

1° Du besoin que l'homme a de la chose;

2° De ses moyens d'acquérir la chose;

3° De l'utilité directe et indirecte;

4° De l'appropriabilité;

5° De la rareté;

6° Du fait de ne pas avoir à subir les effets nuisibles des travaux qu'il a fallu faire pour produire la chose;

Valeur de la chose pour la demande.

7° Du besoin que l'homme a de la chose plutôt que de l'or et l'argent;

8° De l'absence d'autres moyens d'acquérir la chose;

9° De l'utilité indirecte de l'or et l'argent;

10° De l'échangéabilité;

11° De l'abondance;

12° Du fait de devoir remplacer les choses qui ont servi à l'acquisition de l'or et de l'argent.

Valeur de l'or et l'argent pour l'offre.

En simplifiant on peut donc dire que le prix d'une chose dépend, lorsqu'elle est *demandée :*

1° De la valeur de la chose demandée;

2° De la valeur de l'or et l'argent offert.

De même, le prix d'une chose *offerte* dépend :

1° De la valeur de la chose offerte ;

2° De la valeur de l'or et l'argent demandé.

Donc, en résumant l'offre et la demande, on peut dire que *le prix d'une chose est déterminé* :

1° Par la *valeur de la chose* ; 2° par la *valeur de l'or et l'argent.*

Les prix peuvent varier de trois manières :

1° Lorsque la valeur des choses seules varie ;

2° Lorsque la valeur de l'or et de l'argent seuls varie ;

3° Lorsque les deux varient en même temps.

CHAPITRE XXXI

LA MONNAIE

Le capital auxiliaire de la circulation est de deux espèces :

1° Le capital auxiliaire réel, l'or et l'argent ;

2° Le capital auxiliaire moral, ou signes représentatifs : le billon, le billet de banque, l'effet de commerce ; en un mot, la monnaie fiduciaire, la monnaie de confiance.

Combien peu la monnaie compte dans l'ensemble des richesses est prouvé par le fait qu'elle peut être remplacée par le signe, et que le signe peut être détruit sans qu'on ait précisément détruit une valeur, une richesse.

L'or et l'argent constituent le capital auxiliaire, l'intermédiaire ou l'*outil* de la circulation. Ils trouvent leur meilleur emploi dans l'échange.

En dehors de cette qualité, ils ont celle d'être des capitaux, comme toute chose.

Faisons observer, néanmoins, que l'or et l'argent, comme produit, comme marchandise, sont, la plupart du temps, destinés à la consommation non productive, à la fabrication d'objets de luxe.

Fort peu d'objets d'or ou d'argent sont vraiment indispensables à la production.

L'erreur qui consiste à prendre l'or et l'argent comme les seules véritables richesses est donc d'autant plus grande que ces deux métaux sont, en eux-mêmes, les moins utiles des métaux et que leur emploi n'est pas indispensable dans les échanges. Il est bien rare que, dans les grandes transactions entre peuples civilisés on se serve de l'or et plus rare encore qu'on se serve de l'argent.

Pour une nation, l'or et l'argent, pris isolément, ne sont nullement de la richesse; en revanche, ils peuvent constituer de la richesse pour un individu, à condition que cet individu se trouve dans un milieu où l'or et l'argent sont relativement rares, et les autres produits abondants.

La valeur intrinsèque de l'or et de l'argent diminue dans un pays à mesure que la civilisation se développe. La première raison en est que la production de l'or et de l'argent est plus considérable que leur consommation.

L'or et l'argent devenant moins rares, leur valeur d'échange diminue d'autant.

Les métaux précieux perdent encore de leur valeur, parce que, par le progrès de la civilisation, *l'ensemble de toutes les richesses augmente, non seulement en quantité, mais encore en qualité et en variété.*

Supposez que, il y a cinquante ans, une nation ait eu 100 de richesses dont 1 de métaux précieux, le rapport entre les deux était $\frac{1}{100}$. Considérez la même nation de nos jours, et prenez qu'elle ait 150 de richesses dont 1 1/3 de métaux précieux. Ceux-ci se trouveront avec l'ensemble des richesses dans le rapport de $\frac{1^{1}/_{2}}{100}$, soit à peu près $\frac{1}{112}$, rapport qui est plus petit que le précédent ; ce qui veut dire que les métaux précieux tiennent, de nos jours, moins de place et ont moins d'importance dans l'ensemble des richesses.

Pour la même somme d'argent vous aurez moins de *toutes les* richesses dans un pays riche que dans un pays pauvre.

Cette loi est confirmée par le phénomène de *la cherté de la vie* qui est toujours plus grande dans un pays riche que dans un pays pauvre.

Cependant, on peut avoir *certains produits isolés* à meilleur marché dans un pays riche que dans un pays pauvre. Cela dépend simplement des quantités de ce produit isolé qui peuvent se trouver dans l'un et l'autre pays.

La valeur des métaux précieux change donc suivant l'espace et le temps.

. ns un même pays la valeur de l'or et l'argent dim ~ ou augmente suivant que l'ensemble des richesses augmente ou diminue de valeur.

D'un pays à l'autre, la valeur de l'or et l'argent est petite ou grande, suivant que l'ensemble des richesses y possède une grande ou une petite valeur.

9

CHAPITRE XXXII

LE CRÉDIT, LES SIGNES REPRÉSENTATIFS

Pour augmenter la puissance de son travail, pour multiplier ses forces, l'homme a inventé, dans la production, les outils et les machines.

Dans la circulation, l'homme se sert également *d'un outil* qui est l'or et l'argent, la monnaie de billon ; il a en outre inventé de *véritables machines* qui sont le *billet de banque, l'effet de commerce* et les *institutions de crédit*, lesquelles forment le rouage le plus important de ces machines.

Nous avons défini la machine, toute chose qui fait un certain travail de l'homme, qui le fait rapidement et souvent.

Le billet de banque et l'effet de commerce, avec les institutions de crédit, font une infinité de paiements dont chacun est du montant porté sur le billet ou l'effet. Dans cette infinité de paiements, il n'est touché qu'une seule fois au capital auxiliaire, aux métaux précieux.

Tous les créanciers et débiteurs de la série s'effacent l'un devant l'autre ; il ne reste finalement en présence que le premier débiteur ou créancier, et le dernier créancier ou débiteur.

Le billet de banque et l'effet de commerce sont donc de véritables machines qui ont leur point d'appui dans les institutions de crédit.

Le premier et véritable but d'une banque est de faire, par les billets et les effets, vite et souvent, beaucoup de paiements de quelque nature qu'ils soient.

Une machine ne marche pas toute seule ; elle doit être actionnée par une force.

La force qui meut le billet de banque, l'effet de commerce et l'institution de crédit, c'est *le crédit*.

Le crédit est une des manifestations les plus importantes de l'instinct d'association, de la solidarité des hommes, dans l'espace et dans le temps.

Sans le crédit aucun échange n'est pratiquement possible.

En théorie, tout échange comprend deux parties *simultanées*, dont l'une est de donner, et l'autre, de recevoir.

En réalité, les deux parties d'un échange *sont toujours successives*; souvent elles sont très rapprochées; *elles sont néanmoins successives*. Entre l'action de donner et l'action de recevoir, il y a *toujours un intervalle, ne fût-il que d'une seconde.*

Alors celui qui donne le premier *fait crédit* d'une seconde à celui qui reçoit d'abord.

Le crédit existe donc en germe dans tout échange au comptant.

Les échanges dans leur ensemble se sont développés de deux façons :

1° En s'étendant dans *l'espace*, en augmentant de *nombre ;* ce sont *les échanges au comptant ;*

2° En s'étendant dans le *temps*, en augmentant de *durée ;* ce sont les *échanges à terme.*

Le premier genre d'échanges est celui dont les parties *sont plus ou moins simultanées.*

Le deuxième est celui dont les deux parties sont *plus ou moins successives.*

Donner crédit ou demander crédit, c'est transformer un *échange dans l'espace* en *un échange dans le temps*, un échange *au comptant* en un échange *à terme*, un échange à parties simultanées en un *échange à parties successives.*

Le crédit est une action humaine; comme tel le crédit dépend de la raison, des instincts de l'homme et de l'action des choses et des hommes; comme tel, le crédit peut être un acte de confiance, ou une spéculation, ou une nécessité; ordinairement il est le résultat de ces trois facteurs réunis.

On peut donc définir le crédit :

La force matérielle ou morale, ou à la fois matérielle et morale, que l'homme possède de transformer les deux opérations simultanées d'un échange en deux opérations successives.

Au point de vue du crédit, l'homme est considéré comme possédant un capital moral (ses facultés) ou un capital matériel, ou les deux à la fois.

Le crédit qu'un homme reçoit est donc moral, *personnel*, ou il est *réel*, ou encore réel et personnel à la fois.

Le prêt, l'emprunt, la location, le louage, etc., sont des variétés de l'échange, où les deux opérations sont successives et portent sur la même matière.

La première partie de ces échanges est de donner ou de prendre ; la deuxième est de recevoir ou de rendre. Comme l'échange (la circulation) donne lieu à *un effet nuisible à l'usure*, la seconde partie de l'échange, qui est de recevoir ou de rendre, comprend, en dehors de la chose en question, une *compensation* pour l'usure, compensation qui porte les noms de *loyer, intérêt, fermage, salaire, revenu.*

CHAPITRE XXXIII

LA CIRCULATION MONÉTAIRE, LA CRISE MONÉTAIRE

On appelle circulation monétaire l'ensemble de la circulation métallique et de la circulation fiduciaire.

La monnaie de papier, les billets de banque, les effets de commerce sont lancés et maintenus dans la circulation par le crédit. Pour qu'il y ait crédit, il faut que l'instinct d'association soit très développé, il faut que les hommes sentent la nécessité de faire l'échange; il faut qu'ils aient beaucoup de moyens de faire l'échange.

La nature même du crédit montre qu'il est plus développé chez les nations prospères, les hommes riches que chez les peuples pauvres et dans les classes inférieures. Aussi, proportionnellement à la circulation totale, la circulation métallique (de l'or et de l'argent) est plus grande chez les peuples pauvres et dans les classes inférieures que chez les nations prospères et parmi les individus qui possèdent de nombreux capitaux.

Il y a une deuxième raison pour qu'il en soit ainsi. Chez les peuples et les individus pauvres, l'ensemble des richesses est moins considérable que chez les nations et les individus riches ; par conséquent, il ne peut pas y avoir autant de signes représentatifs (de richesses), effets de commerce et billets de banque.

Si dans une certaine société, il y avait une confiance absolue entre tous les individus, si le crédit n'était que la confiance, la circulation métallique deviendrait inutile ; l'or et l'argent n'auraient de valeur que comme matière première ; mais ce n'est pas le cas et ce ne sera jamais le cas ; *aussi la circulation libre sera toujours mixte ;* elle comprendra en proportion variable la circulation métallique et la circulation fiduciaire suivant les nécessités de l'échange, suivant l'instinct de ceux qui font l'échange, suivant que le crédit est plus ou moins développé.

L'action inconsciente des hommes et des choses détermine cette proportion. Lorsque la proportion naturelle qui existe entre la circulation fiduciaire et la circulation monétaire, ou même lorsque la proportion entre la valeur de l'or et celle de l'argent est brusquement changée, il se produit *une crise monétaire* qui se confond souvent avec une crise générale.

Le *papier-monnaie* ou le cours forcé est un emprunt public ; il en sera parlé plus loin.

CHAPITRE XXXIV

LE LIBRE-ÉCHANGE

Entre deux individus, l'échange se règle suivant les besoins et les instincts ; rarement il est libre ; car ceux qui font l'échange sont rarement libres et, en supposant même qu'ils le soient dans certains cas, ils peuvent être empêchés par l'action des choses et des hommes d'agir librement. A plus forte raison l'échange ne peut être libre, voulu, entre deux êtres dénués de raison, entre deux peuples. Le plus fort fait l'échange le plus facile, le plus avantageux ; le plus faible doit le subir. Le plus fort peut forcer le plus faible à faire l'échange suivant de certaines conditions.

Une nation n'est pas libre d'être libre-échangiste ; pas plus qu'elle n'est libre de faire la paix ou d'éviter une guerre.

D'ailleurs, il n'y a pas de nation qui soit absolument libre-échangiste. L'Angleterre, qu'on cite volontiers comme la nation la plus avancée dans la liberté du commerce, a mis des droits énormes sur un certain nombre de marchandises, nombre très petit, il est vrai, mais suffisant pour entretenir le personnel de ses douanes et pour donner à son Trésor des revenus sérieux.

La lutte est dans la nature de l'homme, et tous les moyens lui sont bons pour la soutenir. Les obstacles au commerce sont des moyens dont l'homme se sert dans sa lutte sur le terrain économique.

Une nation ne peut établir le libre-échange, si toutes les nations ne le font également ; il n'est pas croyable que toutes les nations vont, d'un commun accord, supprimer les barrières commerciales.

Le progrès de la liberté du commerce doit être cherché dans la lutte à outrance, dans l'absorption des petites nations par les grandes, dans la diminution du nombre des pays autonomes.

Les Russes, en réunissant en un empire les peuples les plus divers et les contrées les plus éloignées, ont plus fait pour la liberté du commerce que tous les théoriciens du libre-échange réunis.

CHAPITRE XXXV

EXPORTATIONS, IMPORTATIONS, BALANCE DU COMMERCE OU SYSTÈME MERCANTILE

L'or et l'argent comme tout autre capital constituent une quote-part de l'ensemble des richesses. L'or et l'argent peuvent donner à un homme la possession d'une portion de toutes les richesses, parce que l'homme peut se trouver en rapport avec un grand nombre d'hommes qui échangeront avec lui, l'un, le produit de son travail, l'autre, une partie de ses capitaux.

Mais une nation a sa moindre richesse dans les métaux précieux; pour faire l'échange, elle ne trouve en face d'elle qu'un petit nombre de nations; elle ne peut jamais disposer d'autant d'or et d'argent qu'en peut posséder proportionnellement un individu. L'individu peut se déplacer; la nation est fixée sur le sol qu'elle habite; elle a la vie infiniment plus longue; elle possède toujours un certain fonds de richesse qu'on ne peut pas lui enlever, tandis que l'individu peut se trouver dénué de toutes choses.

Donc le fonds d'exploitation d'une nation ne peut pas être comparé à la boutique d'un commerçant qui fait sa caisse tous les soirs, qui *établit sa balance*.

Le commerçant possède l'action discernante ; il jouit dans de certaines limites de la liberté d'exploiter son fonds, de dépenser. ses revenus ou de les placer ; mais la nation n'est absolument pas libre d'agir, ni de produire, ni de vendre, ni d'acheter.

Il ne dépend pas d'une nation de régler ses exportations et ses importations comme elle pour-rait le vouloir, si elle avait la volonté. Elle exporte ce qu'elle ne consomme pas chez elle et ce que les autres nations désirent posséder ; elle importe tout ce dont elle a besoin pour sa production et sa con-sommation. Voilà pour l'échange, en tant qu'il est instinctif. Quant aux conditions matérielles de l'échange entre nations, elles portent que rien ne peut être exporté sans provoquer également une importation, et réciproquement ; sinon il n'y aurait plus d'échange. L'échange consiste dans l'action de donner et dans l'action simultanée ou successive de recevoir.

Il faut admettre, comme-axiome, qu'on ne trans-

porte une marchandise d'un lieu à un autre que pour en augmenter la valeur.

On exportera, on importera des métaux précieux si la valeur des métaux précieux est augmentée par le transport, c'est-à-dire si la valeur des métaux précieux est plus grande au lieu de destination qu'au point de départ. On exportera et on importera dans les mêmes conditions des titres, des actions, des effets de commerce, en un mot les signes représentatifs de la richesse. Dans ces deux cas, les métaux précieux et les signes représentatifs sont des marchandises et sont considérées comme telles. Ainsi, dans tous les cas, sans exception, l'exportation d'une marchandise appelle l'importation d'une autre marchandise, dont la valeur sera augmentée par le transport.

Il y a donc un double courant : l'un qui va d'une nation au reste du monde, l'autre qui vient de toute la terre vers la nation.

On commettrait une grave erreur si, dans une théorie de l'échange international, on ne considérait que deux nations.

La France peut exporter des produits en Allemagne, qui en exportera d'autres en Amérique, qui en exportera en Russie, qui en exportera en Angleterre, etc.

Ce sera aussi bien l'Angleterre que la Russie, que

l'Amérique, que l'Allemagne, qui importeront en France des produits pour la valeur de ceux que la France a exportés en Allemagne. Encore une fois, le courant va d'une nation à l'étranger, au reste du monde et, réciproquement, de l'étranger à la nation.

L'objet exporté augmente de valeur et généralement aussi de prix (cela dépend de la valeur des métaux précieux) à mesure qu'il s'éloigne de la nation ; l'objet importé augmente de valeur à mesure qu'il s'approche de la nation.

Examinons comment on fait les évaluations des importations et des exportations :

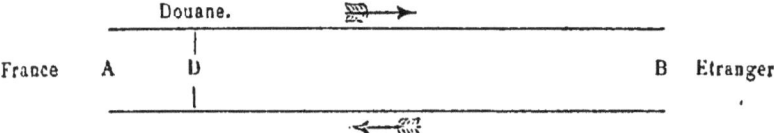

L'objet exporté va de A au point D où il est évalué. Quelle valeur lui donne-t-on ? Celle qu'il avait au point A, qui est inférieure à celle qu'il a en D et qu'il aura au point B.

L'objet importé vient de l'étranger jusqu'à la même douane où il est également évalué, et comment ? On ne prend pas sa valeur au point B, mais celle qu'il aura en D, même celle qu'il aura au point A, c'est-à-dire une valeur de toute façon supérieure à celle qu'il avait au point de départ.

N'est-il pas forcé que les importations soient presque toujours supérieures aux exportations, les deux étant calculées de cette façon?

La différence entre les deux est une illusion provenant de l'appréciation absolument arbitraire de la douane. Rien n'est plus variable, rien n'est plus difficile à établir que la valeur d'une chose. Aussi, les évaluations en douane n'ont aucune portée et ne méritent pas la moindre confiance.

La comparaison d'après la valeur (*ad valorem*) est arbitraire ; la comparaison par quantité et qualité (spécifique) serait plus exacte, mais elle est impossible.

Les chiffres donnés par la douane ne prouvent rien en ce qui concerne, à un moment donné, les exportations et les importations.

Mais, ces mêmes chiffres établis sur la même base (quoique erronnée), pendant toute une série d'exercices, permettent de se rendre compte du mouvement comparatif des marchandises d'une année à l'autre.

Isolés, ils ne signifient rien ; arrangés en tableaux, ils ont leur utilité.

Il y a quelques pays qui ont des exportations supérieures à leurs importations ; du moins ils le croient. Il n'est pas difficile d'arriver à une balance du commerce favorable. La douane n'a qu'à hausser

la valeur des sorties et baisser la valeur des
entrées.

Mais dans la grande généralité des cas, les exportations sont toujours dépassées par les importations. Nous venons de voir que c'est uniquement
une affaire d'évaluation.

Les gouvernements ont cru longtemps et croient
encore qu'une nation qui veut s'enrichir doit avoir
des exportations supérieures aux importations ; ils
ont donc toujours fait en sorte que les évaluations
des entrées soient supérieures aux évaluations des
sorties ; par là, ils ont voulu stimuler l'activité de
la nation ; ils y ont trouvé un prétexte pour établir
des droits protecteurs, pour créer des droits d'entrée
et des primes de sortie.

Ils croyaient que l'or et l'argent sont les richesses
suprêmes, l'incarnation finale de toute richesse que
les nations doivent chercher à posséder, comme les
individus ; ils s'imaginaient que les métaux précieux
feraient l'appoint de toutes les importations qui
restaient en-dessous des exportations.

*La vérité est que la valeur des importations est
strictement égale à la valeur des exportations* A UN
CERTAIN POINT DU PARCOURS *fait par les deux.*

Considérons de nouveau le schème donné plus
haut. La ligne AB représente le parcours moyen
des exportations de France à l'Étranger, et la

deuxième ligne BA, le parcours moyen des importations de l'Étranger en France.

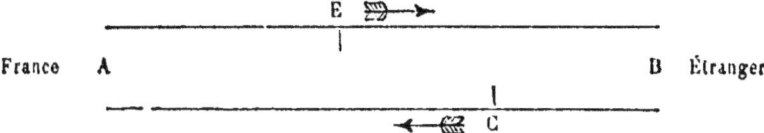

L'objet exporté qui va de A vers B augmente de
valeur; l'objet importé qui va de B vers A augmente
de valeur; donc, de deux choses l'une : ou les deux
objets avaient une valeur égale à leurs points de
départ, ou la valeur de l'un, par exemple après le
parcours AE devient égale à la valeur de l'autre, par
exemple après le parcours BC.

Et l'échange se fera en faveur de la nation qui
aura, du point C au point A, ou du point E au
point B, le moins de frais pour entrer en possession
de l'objet échangé.

D'une façon plus générale, on peut établir *que
l'échange se fera en faveur de la nation la plus
active, la mieux outillée, la plus forte pour le transport des marchandises.*

A propos de la valeur, nous avons démontré que
la nation qui pouvait donner en échange le plus
grand nombre d'objets le plus travaillés avait
l'avantage sur l'autre. Cette loi renferme donc
l'autre, puisque travail signifie autant changement
de lieu que changement de forme.

On peut la simplifier encore en désignant sous le terme de force toute supériorité intellectuelle, physique, matérielle d'une nation, tant dans l'industrie manufacturière que dans l'industrie du transport, et alors la loi s'énoncera comme suit :

L'échange se fait en faveur du plus fort.

Si l'on veut considérer l'Angleterre, on trouvera que l'histoire de cette puissance économique confirme pleinement la loi que nous venons d'établir.

CHAPITRE XXXVI

SYSTÈME PROTECTEUR

Et après avoir réfléchi sur la situation économique
que l'Angleterre s'est créée dans le monde, on comprendra pourquoi elle a des tendances libre-échan-
gistes. Elle va chercher dans le monde entier et transporte elle-même les matières premières dont elle a
besoin pour alimenter ses industries si variées ; elle
transporte de nouveau elle-même les marchandises
qu'elle revend au monde entier ; ainsi *elle fait tourner à son avantage* l'échange qu'elle pratique avec
le monde entier.

Il fut un temps où l'Angleterre était bien moins
outillée pour la lutte ; en ce temps-là, elle n'était pas
libre-échangiste. De nos jours, nombre de pays
(presque tous) n'osant affronter la supériorité d'autrui sur le terrain économique, empêchent du moins
cette supériorité de se manifester chez eux.

Le système protecteur comprend toutes les mesures
destinées à mettre le plus faible sur un pied d'éga-

lité avec le plus fort, à protéger l'infériorité intellectuelle, physique, matérielle d'une nation contre la supériorité de l'autre.

Au point de vue de la théorie, la prétention est ridicule, au point de vue de la pratique, c'est un retour vers la barbarie. Le système protecteur est l'emploi de la force brutale, matérielle, seule contre la force intellectuelle, physique et matérielle d'autrui ; il transforme la lutte purement économique en lutte générale.

Au fond le système protecteur appliqué par un pays ne nuit que momentanément aux autres pays, et il constitue une iniquité permanente vis-à-vis de toutes les industries non protégées.

Le système protecteur, pas plus que le libre-échange (dans l'état actuel du monde), ne peut exister d'une façon absolue, générale ; il ne peut être appliqué qu'à un certain nombre de produits auxquels il donne alors une importance exagérée dans l'ensemble des richesses d'un pays.

Mais le système protecteur existe ; il a donc des raisons d'être.

Le système protecteur est un moyen employé depuis la plus haute antiquité par un peuple pour lutter contre les autres. C'est un moyen de guerre ; souvent le système protecteur a été cause d'une guerre ; quelquefois il en a été la suite.

Le système protecteur, à moins qu'il n'aille directement contre les instincts de la nation, est généralement approuvé par celle-ci ; car l'instinct de conservation d'une nation, mal conseillée, pousse à toutes
les mesures capables de faire du tort aux autres nations.

Le système protecteur donne lieu à des monopoles.
Il présente un moyen facile de frapper d'un impôt
les produits en circulation.

CHAPITRE XXXVII

LA RÉPARTITION

Le phénomène économique qui fait suite à la circulation est la répartition ou distribution des richesses. Nous avons indiqué que la circulation, pas plus que la production, n'était indéfinie ; que, au contraire, elle était forcément limitée pour chaque objet à une certaine étendue dans le temps et dans l'espace, au bout de laquelle elle s'arrête.

Dans la production, on opère le changement de forme sur les choses jusqu'au moment où les choses ont acquis leur plus grande utilité.

Dans la circulation ou l'échange, on opère le changement de place sur les choses jusqu'au point où les choses ont acquis leur plus grande utilité.

Voici comment la circulation ou l'échange, pris dans le sens le plus général, naît de la production.

Au point de vue de l'homme, on peut distinguer dans l'œuvre de la production trois cas :

1° *L'homme possède le capital sur lequel il opère.*
Dans ce cas l'homme possèdera en totalité le résultat de la production, *le produit.*

Généralement ce produit est divisé en deux parties inégales. Le propriétaire en consomme la plus petite partie et échangera la plus grande contre d'autres produits; il la lance dans la circulation. Quelquefois il lui est possible de faire une troisième part qu'il *épargnera;*

2° *L'homme ne suffit pas, lui seul, à l'exploitation de ses capitaux.* Dans ce cas, l'homme peut faire deux choses :

(*a*) Il prêtera son capital à d'autres;

(*b*) Ou il empruntera du travail; il engage des travailleurs.

Ce cas est l'inverse de celui qui va suivre; nous l'examinerons en même temps que ce troisième cas.

3° *Le capital fait défaut à l'homme.* Dans ce cas, l'homme peut faire généralement deux choses :

(*a*) Ou il empruntera le capital:

(*b*) Ou il prêtera son travail; il se loue comme travailleur.

Le fait de prêter ou d'emprunter le capital constitue un échange à parties successives, où le crédit intervient.

Le capital passe donc dans la circulation et dans la production et donne lieu à des résultats qui sont:

Pour la circulation, *le revenu et la renté du capital;*

Pour la production, *le produit et le profit.*

Le fait de prêter ou d'emprunter — en un mot, de louer — du travail constitue également un échange à parties successives où le crédit intervient.

S'engager comme travailleur veut dire prêter sa puissance de travail pour un temps déterminé (une heure, une journée, une semaine, un mois, une année, etc.) au bout duquel on rentre dans la possession de sa personne et on reçoit une compensation pour l'usure de sa puissance de travail.

On peut dire encore que le travailleur donne à l'employeur l'effet utile de son travail et reçoit en échange une indemnité pour l'effet nuisible, plus (dans un petit nombre de cas) une part du produit ou du profit.

Le travail (capital humain) passe donc dans l'échange et dans la production et donne lieu aux résultats qui sont :

Pour l'échange, *le revenu du travail ou salaire* et la *rente du travail;*

Pour la production (dans quelques cas), une part *du produit et du profit.*

Le fait que la production et la circulation sont terminées, que les produits ont reçu la plus grande somme d'utilités constitue la répartition, le partage,

qui précède immédiatement la consommation ou
l'épargne, non pas que toutes les choses puissent
être indifféremment consommées ou épargnées ;
mais certaines choses peuvent être épargnées, tandis
que d'autres doivent être consommées.

Tous les hommes, par le fait même qu'ils existent,
participent à la distribution des richesses, chacun
dans la mesure de ses forces (morales, physiques,
matérielles) et dans la mesure de l'action favorable
du milieu (des hommes et des choses).

La répartition n'est donc ni libre ni égale.

CHAPITRE XXXVIII

LE SALAIRE

Le salaire est le revenu du travail obtenu par l'échange.

Le salaire est réglé en dernière analyse par le plus fort, d'après la loi de l'offre et de la demande.

Jusqu'à une certaine limite, le salaire est inversement proportionnel à l'offre de travail, et directement proportionnel à la demande.

Parmi les déterminants de l'offre de travail, on peut distinguer :

1° L'accroissement des travailleurs ;

2° Diminution ou petit développement de l'activité économique ;

3° Difficulté de se procurer les moyens d'existence ; augmentation des besoins de l'homme ;

4° La facilité de trouver et de faire un certain travail ; effet nuisible du travail très petit ;

5° La possibilité de remplacer l'homme par une machine ;

6° La durée rémunératrice du travail ;

7° Le développement de l'instinct de production ;

8° Frais de production élevés ;

9° La confiance et la sécurité ;

10° La probabilité de la « rente du travail ».

Parmi les faits qui poussent l'homme à demander des travailleurs, on peut citer :

1° Le manque de travailleurs;

2° Augmentation de l'activité générale (reprise des affaires) ;

3° La facilité de se procurer les moyens d'existence sans travail ; petit nombre de besoins des travailleurs ;

4° La difficulté de trouver des ouvriers ; de déplacer une industrie existante ou de cesser l'exploitation d'une industrie existante. Effet nuisible du travail très grand ;

5° L'impossibilité de remplacer l'homme par une machine;

6° Le risque de chômage;

7° L'indolence de la population ouvrière ;

8° Frais de production peu élevés ; effet utile du travail très grand ;

9° L'absence de la confiance, de la sécurité ;

10° Le peu de probabilité de l'élément « rente du travail ».

La demande est l'inverse de l'offre ; les déterminants de l'une sont donc les déterminants de l'autre, mais en sens inverse.

Il sera parlé plus loin de la rente du travail.

CHAPITRE XXXIX

PRODUIT, PROFIT, REVENU DU CAPITAL, INTÉRÊT

LOYER, FERMAGE

Un capital sur lequel s'opère un travail donne lieu à un produit ou revenu ; ou encore il est son propre produit et, comme tel, il est en partie consommé par son possesseur et en partie échangé contre d'autres produits.

On n'a pas oublié la définition du capital : accumulation de travaux antérieurs sur un capital natif (chose fournie par la nature). Les effets utiles du travail se sont ajoutés au capital natif.

Ces effets sont plus ou moins durables ; généralement, ils ne le sont pas autant que le capital natif. En d'autres termes, le travail — action des hommes sur les choses — n'empêche pas l'action du milieu sur les choses. Or, l'action de l'homme est une force accidentelle dont la durée dépend de l'homme.

L'action des choses, au contraire, est une force
constante qui agit sans discontinuer.

Pour que l'action de l'homme, qui va contre l'action des choses, produise un effet durable, il faut
qu'elle soit rendue continue ou que, du moins, elle
soit recommencée de temps à autre.

L'action des hommes transforme les capitaux
simples, natifs, stables, en capitaux complexes,
artificiels, instables ; l'action des choses les ramène
à leur premier état.

Une maison est un capital composé de capitaux
simples, plus ou moins stables (pierres, chaux, bois,
fer, etc.). Si on laisse sans réparation une maison
pendant de nombreuses années, elle tombe en
ruine.

La nature désagrège peu à peu ce que l'art a
rassemblé.

Pour que le capital-maison soit durable, il faut
que l'homme le reconstitue au fur et à mesure que
le milieu et l'usage le détruisent. Et une partie du
revenu est consacré à la reconstitution du capital
(amortissement et assurance).

Le revenu est en partie destiné à compenser
l'effet nuisible de l'action des choses sur le capital,
de même que le salaire est destiné à compenser
l'effet nuisible des choses sur l'homme.

On peut déduire de ce qui précède que le *revenu*

est inversement proportionnel à la durée probable du capital. Si le capital est détruit du coup, le produit aura plus de valeur que le capital.

Si le capital a une durée moyenne, qu'il puisse donner plus d'une fois un revenu, celui-ci sera moins élevé que le capital ; enfin, si le capital peut donner périodiquement un revenu assuré, celui-ci sera très petit.

D'autres causes concourent à la formation du revenu ; mais, en fin d'examen, il est également fixé par la force, d'après la loi de l'offre et de la demande du capital.

Parmi les déterminants de l'offre on peut nommer :

1° L'abondance du capital ;

2° Diminution ou petit développement de l'activité humaine ;

3° La difficulté de faire valoir le capital ;

4° La facilité de le placer ;

5° L'élévation de la prime d'assurance ;

6° L'élévation de la prime d'amortissement ;

7° La durée rémunératrice du placement ;

8° Le manque de travailleurs ;

9° Frais de production très élevés ;

10° Probabilité d'une rente du capital.

Parmi les déterminants de la demande on trouve :

1° Rareté du capital ;

2° Augmentation de l'activité humaine ;

3° La facilité de le faire valoir ;

4° La facilité de le trouver ;

5° La prime d'assurance peu élevée ;

6° L'abaissement de la prime d'amortissement ;

7° La durée rémunératrice de l'exploitation ;

8° L'accroissement des travailleurs ;

9° Les frais d'exploitation peu élevés ;

10° La possibilité d'avoir un bénéfice, d'avoir une rente du travail ; la probabilité de ne pas payer une rente du capital.

Le revenu d'un capital s'appelle, d'une façon géné·rale, *le loyer*.

Le revenu d'un bien foncier s'appelle le *fermage*.

Le revenu du capital auxiliaire, des métaux précieux ou des signes représentatifs s'appelle généralement *l'intérêt*, et quelquefois *dividende*.

Le taux du loyer d'un capital est très variable suivant le temps et l'espace.

Le taux de l'intérêt varie également, mais il a une *tendance à être la moyenne des taux auxquels on emprunte tous les capitaux*.

L'intérêt de l'argent représente le revenu probable de tous les capitaux contre lesquels on peut, dans un moment donné et dans un lieu donné, échanger l'argent. L'intérêt dépend de la destination du prêt.

L'intérêt, tout comme la valeur des métaux précieux, dépend bien un peu de leur quantité, mais il dépend surtout de la quantité de tous les capitaux. Quelqu'un emprunte une certaine somme en billets de banque, il paiera l'intérêt comme pour des métaux précieux ; cependant il n'échangera pas les billets de banque contre de l'or et de l'argent, mais contre les capitaux dont il a besoin.

L'argent est un capital intermédiaire ; l'intérêt est un capital intermédiaire.

Le salaire, le profit, la rente du travail sont des revenus du capital humain.

L'intérêt, le loyer, le fermage, le produit, la rente du capital sont des revenus du capital-chose.

Mais la valeur du capital humain ne va pas nécessairement de pair avec la valeur des autres capitaux. Le salaire ne dépend pas du revenu du capital.

Le taux du revenu peut être très élevé et le taux du salaire, très bas ou très élevé, mais le progrès serait dans le taux très bas des revenus et dans le taux très élevé des salaires. En d'autres termes, la *civilisation tend à élever la valeur du capital humain, de l'homme, comparativement à la valeur des choses.*

Le profit ou bénéfice est la différence entre le produit brut, d'un côté, et le loyer et le salaire, de l'autre. *Le profit est le revenu spécial de l'entreprise.*

On peut définir l'entreprise toute offre de travail et toute demande simultanée de capital.

CHAPITRE XL

LA RENTE

Sous le rapport de l'origine, on peut distinguer deux espèces de rentes : la rente du travail, la rente du capital.

La rente du travail *est la différence entre le salaire ou revenu du travail le plus élevé et le revenu le plus bas, à égales conditions de travail.*

De deux ouvriers qui travaillent à la pièce, l'un peut avoir plus d'habileté ; il gagnera plus que l'autre. Et si ce dernier gagne assez pour vivre, le premier gagne un surplus qui est la rente.

Deux avocats, deux médecins, établis à Paris peuvent se trouver dans des conditions identiques, néanmoins ils ne font pas des honoraires égaux.

Un avocat sera plus habile ou peut avoir plus de bonheur que l'autre : il gagnera plus que l'autre ; la différence des deux revenus est la rente.

En comparant la situation de deux médecins établis

11

dans la même rue, on a un autre exemple de la rente
du travail.

La rente du capital est la différence entre le revenu
le plus élevé et le plus bas de deux capitaux congé-
nères.

Supposez deux terrains d'égale superficie, l'un
donnant sur une rue plus ou moins déserte, l'autre
sur une rue fréquentée. De leur nature, les deux terrains sont les mêmes ; ils ont la même *forme ;* mais
le dernier a un avantage de *place* sur l'autre ; avantage qui procure un surplus de revenu, lequel est la
rente du capital.

Prenez deux champs contigus de même superficie ;
l'un a des qualités que l'autre n'a pas ; il possède sur
l'autre un avantage de *forme* qui donne lieu à une
rente.

Le tracé d'une route, d'un chemin de fer, d'un
canal, d'une frontière ; la construction d'un port, la
création d'un centre industriel, commercial, peut
déterminer tout d'un coup un surplus de revenu qui
sera la rente du capital.

En allant au fond des choses, on verra que ce surplus de revenu provient toujours d'un *avantage de*
forme ou de place que possède un homme ou une
chose.

Tout avantage de forme ou de place d'un homme

par rapport à un autre homme donne lieu à la rente du travail.

Tout avantage de forme ou de place d'une chose par rapport à une autre chose donne lieu à la rente du capital.

. Nous avons vu plus haut que tout avantage, soit de forme, soit de place, dont jouit un homme ou une chose, constitue un monopole.

La rente est donc le revenu d'un monopole.

Tout homme, toute nation, toute chose qui possède un avantage de forme ou de place, un monopole par rapport à un autre homme, une autre nation, une autre chose, jouit d'une rente.

Tout monopole est le résultat de la force (volonté, instinct, action du milieu) et la rente est l'expression économique du droit du plus fort.

La rente n'existe pas d'une façon absolue ; c'est une chose relative ; elle existe pour un homme, une nation, une chose *relativement* à un autre homme, une autre nation, une autre chose.

L'existence de la rente est révélée par l'échange. C'est le prix donné pour un travail, un capital, qui indiquera, comparé au prix donné pour un autre travail, un autre capital congénère, si le revenu comprend une rente ou non. *La rente est un effet du prix ;* elle n'en est pas la cause.

Cependant un individu peut vouloir se créer une

rente à côté du revenu, par la raison même qu'il désire se créer un monopole ; alors il haussera le prix de son travail, de ses produits, tant qu'il pourra.

Il ne faut donc pas dire que la rente n'est jamais une cause du prix.

CHAPITRE XLI

L'INSTINCT DE DESTRUCTION ; LA CONSOMMATION

La destruction plus ou moins complète est une des prémisses de toute production. L'homme ne peut produire une utilité sans détruire une autre utilité, ne peut créer un capital sans détruire un ou plusieurs autres capitaux, complètement ou partiellement.

D'une façon absolue, l'homme ne crée rien et ne détruit rien ; la quantité de substance matérielle, impondérable, morale, est et reste la même ; l'homme en peut uniquement changer la qualité, la manière d'être par rapport à l'espace et au temps. L'homme ne peut anéantir ni créer un grain de poussière, ni le mouvement, ni une idée, mais il peut modifier, pour un temps donné et dans un espace limité, la forme et la place d'un grain de poussière, d'un mouvement, d'une idée.

L'instinct de destruction qui peut paraître l'opposé de l'instinct de production en est la corrélative et le complément.

L'instinct de destruction existe chez tous les êtres organisés, les plantes, les animaux, les hommes.

La raison a varié la destruction à mesure qu'elle a agrandi le domaine de la production.

L'animal peut détruire plus de choses de plus de manières que la plante ; l'homme surpasse l'animal dans l'œuvre de la destruction. Il a trouvé les moyens de destruction les plus variés, les plus puissants, les plus rapides, en même temps qu'il trouvait la destruction graduée et lente des choses, qui est *l'usage*. User d'une chose veut dire la détruire peu à peu en l'employant.

On peut distinguer plusieurs espèces de destruction :

1° La destruction plus ou moins complète, qui consiste à transformer des capitaux complexes en capitaux simples moins utiles ; c'est la destruction proprement dite, par exemple celle qui se fait dans la guerre :

2° La consommation proprement dite ; l'assimilation des aliments, transformation des choses destinées à l'entretien des hommes ;

3° La décomposition des choses en vue de la production ; l'usage des machines, des outils, etc. ;

4° La consommation non productive, le luxe.

En général, la consommation est une destruction

productive ; la destruction est une consommation non productive.

La production est l'action des hommes sur les capitaux ; la consommation est l'action des capitaux sur les hommes.

Au point de vue de la destination, on pourrait mettre tous les capitaux en trois catégories qui seraient :

1° Capitaux de production ;

2° Capitaux de circulation ;

3° Capitaux de consommation ;

En règle générale, toute chose appartient indifféremment à l'une de ces catégories.

Une maison, par exemple, peut être habitée par le propriétaire. Dans ce cas, la maison *est un capital de consommation, un produit,* que le propriétaire consomme.

Le propriétaire peut louer la maison à un autre. La location est une forme de l'échange ; et la maison sera pour le propriétaire *un capital de circulation* qui lui donne *un revenu* et peut lui donner *une rente du capital.*

Le propriétaire peut installer une industrie, un commerce dans sa maison ; celle-ci fera partie des *capitaux de production* et concourt, en cette qualité, à la formation du *produit* et, le cas échéant, du *profit.*

En concluant, nous pouvons dire que tout capital qui n'appartient pas à la production ni à la circulation, qui ne concourt pas à la formation du produit et ne donne pas de revenu, est un capital de consommation productive ou non productive.

De même, au point de vue de la destination, on peut ranger tous les travaux dans trois catégories :

1° Travaux de production ;

2° Travaux d'échange ou de circulation ;

3° Travaux de consommation.

En règle générale, tout travail (action utile de l'homme) appartient indifféremment à l'une ou l'autre de ces trois catégories.

L'action d'un cordonnier qui se fait à lui-même une paire de souliers, est *un travail de consommation*.

Le cordonnier qui travaille à la journée ou à la pièce pour une maison de confection prête son travail. Le prêt est une forme de l'échange, et le travail du cordonnier est un *travail d'échange* qui lui procurera *un salaire*, plus, le cas échéant, une *rente du travail*.

Le cordonnier qui se fait marchand, qui travaille pour la vente *fait un travail de production;* comme tel, son travail concourt à la formation *du produit* et le cas échéant, du *profit*.

En concluant, nous dirons que tout travail qui ne

rentre pas dans la production ni dans l'échange, qui ne concourt pas à la formation du produit et ne donne pas de salaire, est un travail de consommation productive ou non productive.

Pour que les hommes puissent travailler et produire, il faut qu'ils consomment et, pour qu'ils puissent consommer, il faut qu'ils travaillent et qu'ils produisent. Consommation et production sont intimement liées en théorie, mais non en réalité.

La plupart des hommes qui travaillent n'ont pas le droit de consommer proportionnellement à leur travail, parce qu'ils n'ont pas la propriété des capitaux qu'ils produisent, parce que l'effet utile de leur travail ne leur reste pas ; parce que le salaire ne suffit généralement pas pour compenser l'effet nuisible.

D'un autre côté, bien des individus (les enfants, les vieillards) consomment, mais ne peuvent produire.

D'autres (de la première classe) qui consomment le plus et qui, en théorie, devraient fournir le plus de travail, n'en fournissent pas.

On peut poser en règle générale, que la *consommation individuelle n'est jamais en rapport avec la production individuelle.*

La consommation a deux effets : l'effet utile qui est de conserver et d'accroître la puissance du travail ; l'effet nuisible qui est de diminuer l'ensemble des richesses.

Pour que la consommation soit productive, il faut que l'effet utile surpasse l'effet nuisible ; donc, au point de vue de l'économie politique, toute consommation qui n'augmente pas la force productive de l'homme plus qu'elle ne détruit de produits cesse d'être utile ; ce n'est plus une consommation, mais une destruction.

On peut établir que, jusqu'à une certaine limite, l'effet utile de la consommation est d'autant plus grand que la consommation est elle-même plus restreinte ; ou, en termes plus généraux :

L'effet utile de la consommation est inversement proportionnel à la valeur de la consommation.

Chez le peuple à l'état inculte, l'homme pauvre, l'instinct de production est développé, et l'instinct de destruction et de consommation, grossier, rudimentaire.

Chez le peuple et l'homme civilisé les deux instincts sont également développés.

Chez le peuple en décadence et, en général, chez l'homme âgé, l'instinct de production devient nul ; l'instinct de destruction et de consommation se raffine et tient, avec l'instinct de la propre conservation, une place prépondérante parmi les instincts de l'homme.

CHAPITRE XLII

LE LUXE

Le *produit brut* est l'ensemble des résultats de la production. Le *produit net* (qui s'appelle *profit* dans l'entreprise) est ce qui reste de ces résultats après qu'on en a défalqué les frais de production et les consommations productives.

Le *produit net conduit au luxe ou à l'épargne.*

Le *luxe est l'ensemble des consommations non productives.* Lorsque la consommation n'est plus destinée à augmenter la puissance de travail des hommes, elle devient du luxe. Lorsque la jouissance matérielle et morale devient le but au lieu d'être le moyen, la société s'abandonne au luxe.

Le luxe n'est pas forcément un attribut des grandes fortunes ; il existe dans tous les rangs de la société. Le luxe est une chose relative : ce qui est du luxe pour un individu peut être une consommation productive pour un autre.

Un amateur qui achète des œuvres d'art dans le seul but d'en jouir fait du luxe. Le marchand qui en achète pour l'échange ne fait pas de luxe.

Un homme qui va au théâtre par oisiveté fait une consommation de luxe ; celui qui y va pour se distraire de fatigues véritables ne fait pas de luxe.

Le théâtre fournit un exemple frappant de la consommation productive et non productive, du travail et des actions non productives de l'homme.

La plus grande partie des spectateurs se livre à une consommation non productive ; une petite partie (les gens qui y vont pour s'instruire ou pour instruire les autres ou pour se reposer de fatigues véritables) se livre à une consommation productive.

Quant aux acteurs et au personnel, ils font un travail dont l'utilité est en raison directe de la consommation utile et de leur salaire à eux, et en raison inverse de la consommation non productive du public.

L'amour et, en général, tous les sentiments sont des jouissances de luxe si leur satisfaction est non productive. La lecture d'un journal, d'un livre, est une consommation productive si l'on veut y apprendre une certaine chose ou qu'on veut se distraire de fatigues véritables, sinon c'est une consommation de luxe.

L'ouvrier qui va au cabaret pour se distraire, pour causer de ses affaires ou parce qu'il a soif, fait une

consommation productive ; celui qui y va pour s'eni-
vrer fait une consommation de luxe.

Le luxe est dans la nature de l'homme, de presque
tous les hommes.

Les instincts de l'homme sont infinis et insatiables.
Du moment que l'homme a le nécessaire, il désire
plus ardemment le superflu ; après la production la
plus rationnelle, la destruction la plus insensée.

Lorsque le besoin de luxe se généralise, il hâte la
décadence.

CHAPITRE XLIII

L'ÉPARGNE

L'épargne est un retrait de la consommation.
L'épargne est le contraire du luxe. Cependant
l'épargne n'a d'utilité que dans de certaines limites,
passé lesquelles elle n'est plus productive.

L'effet utile de l'épargne est d'*économiser* sur la
consommation ; l'effet nuisible est de retirer des
capitaux de la circulation et de la production.

A un moment donné, le fait d'épargner — de conserver — peut donner lieu à plus de travail et de
peine que le fait de produire la même valeur. Lorsque
l'épargne se manifeste avec cette intensité, elle constitue une phase de la décadence.

L'épargne est différente suivant qu'elle est *indivi-*
duelle ou nationale. Un individu qui peut être riche
en possédant beaucoup d'or et d'argent peut naturellement épargner sous forme d'or et d'argent. Il peut
épargner sous forme de toutes choses, à l'exception

de celles qui ne résistent pas à l'action du temps : il peut épargner sous forme d'améliorations et d'augmentation de ses capitaux fixes.

Mais la nation qui épargnerait sous forme d'or et d'argent retirerait tout simplement de la circulation une certaine quantité de ce capital et, par ce fait, n'épargnerait rien du tout, car l'épargne, sous forme d'or et d'argent, n'est productive que par la circulation, l'échange.

Vouloir échanger en un moment donné de grandes quantités d'or et d'argent, c'est diminuer la valeur de ces métaux ; et vouloir conserver longtemps de grandes quantités d'or et d'argent demande un travail de conservation, mais ne produit rien.

La nation ne peut épargner que : 1° sous forme d'améliorations de toutes sortes apportées à son territoire ; 2° sous forme d'agrandissement de son territoire et de son influence.

A ce point de vue, on a pu dire qu'une bonne colonie est un placement de bon père de famille.

Les fonds d'épargne, chez l'individu comme chez la nation, ne peuvent être pris que sur le produit net.

Le fait de placer de l'argent dans *une caisse d'épargne* privée ou publique constitue une opération d'échange ; ce n'est plus de l'épargne, c'est un *emploi de l'épargne* qui n'est possible que lorsque l'épargne est faite.

Quant à l'État, il fait de véritables emprunts par l'intermédiaire des caisses d'épargne.

Pour des individus très riches, habitant des contrées riches et civilisées, certaines consommations de luxe peuvent constituer une véritable épargne, telles l'acquisition et la possession de bijoux, d'objets en or et en argent, d'œuvres d'art, dont la valeur peut grandir avec le temps.

Il n'en est pas de même pour la nation.

CHAPITRE XLIV

CONSOMMATION DES ABSENTS, DES PAUVRES, DES VOLEURS ; L'ABSENTÉISME

L'absentéisme est la consommation systématique, non productive, sur une place, de valeurs produites sur une autre, valeurs obtenues autrement que par l'échange.

Il faut distinguer si ce produit est un objet fabriqué ou si c'est une matière première.

Si c'est un objet fabriqué, il aura exigé une certaine quantité de travail, lequel aura donné lieu à des salaires ; si cet objet est exporté sans qu'il y ait des valeurs en retour, n'en résulte néanmoins qu'une perte minime pour le pays ; c'est celle qui provient de la diminution du capital natif qui est entré dans la fabrication et pour lequel les salaires peuvent constituer une compensation.

Si, au contraire, les revenus consommés au dehors proviennent de l'exportation de matières premières,

12

de productions ordinaires et communes du sol, la perte est plus sérieuse et il se produit alors le fait appelé *absentéisme*.

L'absentéisme pèse donc exclusivement sur les localités, les contrées adonnées à l'agriculture ou vivant de l'exploitation des mines.

L'expérience prouve que, même par l'échange, une contrée minière ne s'est jamais enrichie en proportion des richesses souvent immenses qu'elle exporte.

Parmi les contrées qui souffrent de l'absentéisme, on peut citer l'Irlande, les villages près des mines, des charbonnages, les contrées aurifères de l'Afrique, de l'Amérique, etc.

En revanche, qu'un capitaliste parisien établisse avec des capitaux pris à Paris u .e industrie à Saint-Denis, qu'il dépense ses dividendes à Paris, on ne peut pas dire que Saint-Denis souffre, dans ce cas, de l'absentéisme.

Les moyens de corriger, dans une certaine mesure, les effets de l'absentéisme se trouvent dans l'imposition des revenus, dans des taxes locales sur les sorties de matière première.

On pourrait nommer consommations gratuites celles des pauvres, des oisifs, des voleurs. Le paupérisme est la conséquence de la prospérité d'une contrée, d'un grand centre. Il est inconnu dans les

contrées pauvres où il n'y a pas de grandes fortunes.
La même cause qui produit la plus haute prospérité
chez l'un produit la plus profonde détresse chez
l'autre.

Le milieu qui possède le plus de gens laborieux
renferme le plus d'oisifs. Nulle part il n'y a autant
de voleurs que là où il y a le plus de richesses et où
la propriété est le mieux garantie.

CHAPITRE XLV

LA CRISE

Pour bien comprendre ce que c'est qu'une crise, il faut se reporter à ce que nous avons dit de l'harmonie qui existe entre les industries, de *leur proportionnalité*. Toutes doivent exister, mais l'une doit avoir plus d'extension que l'autre. Le fer, si utile qu'il soit, ne peut être mis sur la même ligne avec le blé ; dans l'état actuel des choses, il faut que, sur toute la terre, plus d'hommes s'occupent de la culture du blé que de la production du fer. Réciproquement, la culture du blé doit nourrir plus d'hommes que la fabrication du fer.

Ce que nous disons du blé et du fer, nous pouvons le dire de tous les produits, pris deux à deux ; et finalement, il serait possible d'établir le rapport d'extension ou d'importance de chaque industrie à l'ensemble du labeur universel.

Naturellement ces rapports varient suivant l'espace et le temps. Un pays s'adonne de préférence à telles industries, un autre, à d'autres.

De même, la civilisation, en progressant, veut que ces rapports varient, mais il ne faut pas que la variation soit brusque, subite.

La crise est l'état des choses qui se produit lorsque la proportionnalité des industries est brusquement changée.

Une crise peut se produire de deux façons :

1° Lorsqu'il y a *diminution subite ou anéantissement* d'une industrie et arrêt dans cette partie de la production;

2° Lorsqu'une industrie *reçoit une extension subite ou exagérée*, qu'elle donne lieu à une *surproduction*.

Lorsque la production d'une industrie se trouve arrêtée, le débouché que cette industrie fournissait à toutes les autres est fermé; les produits ne trouvent plus à s'échanger; ils obstruent la circulation et celle-ci réagit sur toutes les productions.

La crise sera d'autant plus étendue que l'industrie souffrante était plus étendue et plus importante. C'est, par exemple, le cas lorsque les récoltes ont été très mauvaises dans plusieurs pays à la fois.

La dernière crise en France a été causée par la décadence de la viticulture; du moins celle-ci y est pour beaucoup. L'histoire fournit de nombreux exemples de crises causées par la disette.

On peut même prévoir des crises qui se produiront dans certains pays. Le jour où les gisements de houille seront épuisés en Angleterre, ce pays traversera une crise formidable. Mais il est *plus facile à un homme de prévoir une crise qu'à une nation de la détourner.*

Le malheur d'une crise n'est pas tant la trop grande diminution ou augmentation d'une espèce de produits; c'est plutôt *la surabondance des ouvriers*, uniquement capables de faire le métier qu'ils exercent depuis de longues années et habitués à trouver dans ce seul métier leurs moyens d'existence. C'est encore le grand nombre de capitaux engagés dans l'industrie arrêtée ; c'est la difficulté, l'impossibilité de les liquider et de les consacrer à une autre industrie.

Le deuxième cas de crise se produit lorsqu'une industrie prend subitement un essor inaccoutumé. Celle-ci attire à elle, par l'appât de gros revenus et de salaires élevés, les capitaux et le travail engagés dans d'autres industries, la production s'accroît démesurément, et la conséquence en est qu'il y a surabondance d'un produit qui finit par ne plus trouver de débouché. Alors l'industrie étouffe sous l'amoncellement de ses propres produits ; elle s'arrête ; les capitaux ne donnent plus de revenus, les ouvriers sont sans travail.

Il y a de nombreux exemples de crises nées de la surproduction. On peut citer les crises traversées par l'industrie du fer et l'industrie sucrière que beaucoup de gouvernements ont, pour des raisons connues, protégées au-delà de toute mesure. Le résultat a été la surproduction et la crise, plus ou moins locale. C'est là la différence entre la crise née de la surproduction et la crise causée par le dépérissement subit et continu d'une industrie. La première est presque toujours locale ; la deuxième est plus étendue. Ces crises générales, universelles, tiennent des deux. Par leur origine, les crises peuvent être différentes ; dans leurs effets, elles sont les mêmes.

La *crise est la rupture de l'équilibre économique.* Elle peut se terminer de deux façons :

1° *D'une façon lente*, par la ruine d'un certain nombre de capitalistes ; par l'anéantissement d'une partie des capitaux ; par le déplacement de l'autre partie ; par la réduction des salaires ; par la diminution de la population ouvrière (en suite de la misère, de la faim, des maladies); par l'émigration ;

2° *D'une façon violente, par la guerre.* Ces deux remèdes ont leurs avantages et leurs défauts ; il est pourtant des cas où le remède violent peut sembler préférable à l'autre.

Entre la crise et la guerre, il existe des rapports étroits dont il sera parlé plus loin.

CHAPITRE XLVI

CONSIDÉRATIONS SUR L'IMPÔT

On a donné de l'impôt les définitions les plus variées. Le fait est que l'idée qu'on peut se faire de l'impôt varie suivant qu'on le considère au point de vue de la nation, de l'État, de l'individu, du territoire, ou du capital.

Il faut admettre d'abord que l'impôt est seulement créé lorsque la dépense publique est faite et qu'elle devient annuelle. De là, il n'y a qu'un pas à dire que l'impôt est créé par la force et que nul impôt n'est librement consenti.

Il faut admettre encore qu'*un impôt est toujours dépensé dans le pays où il est levé*. En effet, supposez qu'un gouvernement expédie des valeurs à l'Étranger, c'est toujours, sauf un cas, lorsque la nation paie un tribut, une contribution à l'Étranger, pour avoir d'autres valeurs en échange, soit en une fois (pour un emprunt placé à l'Étranger) soit en plusieurs fois (par des achats faits à l'Étranger).

La nation étant prise en globe, l'impôt ne change

rien à l'ensemble des richesses; *l'impôt constitue simplement une modification apportée à la répartition des richesses;* c'est un échange forcé qui procure un revenu à tous les individus qui sont censés concourir à la production de la sécurité et au développement des richesses matérielles et morales collectives de la nation. *Pour l'État, l'impôt est un revenu que la nation lui procure par l'échange.*

L'individu, le particulier peut voir dans l'impôt deux choses: il peut le considérer comme valeur échangée contre sa part de sécurité et contre l'usage, contre la consommation des richesses matérielles et morales collectives; il peut le considérer encore comme un prélèvement, opéré par la force, sur son revenu.

De fait, *nul homme n'est libre, individuellement, de refuser ni de consentir l'impôt.*

L'impôt a une action sur le territoire. Par le fait qu'il constitue une répartition nouvelle, il donne lieu à une *consommation différente.*

En règle générale, les dépenses publiques se font suivant une progression décroissante, de la capitale aux grands centres et de là aux localités de moins en moins importantes; c'est-à-dire que la consommation *est progressive* par rapport aux contribuables pendant que l'impôt est levé partout *proportionnellement au nombre des contribuables ou à la quantité de choses imposables.* Une consommation étant un débouché pour une industrie, il s'ensuit que les industries ont une tendance à se fixer là où il y a le plus de consommations publiques et privées. Il y a des capitales, des grandes villes, qui doivent leur origine et leur développement à l'action de l'impôt.

En ce qui concerne les rapports de l'impôt avec le capital, il suffit de faire remarquer que les impôts sont payés en or et en argent monnayés ou en signes représentatifs (billets de banque) ; comme personne ne *produit* de l'or et l'argent monnayés, tout le monde est forcé de recourir *à l'échange* pour se les procurer. L'échange ou la circulation donne des revenus (et non des produits); *il s'ensuit que tout impôt est un prélèvement sur le revenu;* en d'autres termes :

Tous les impôts sont des impôts sur le revenu.

Mais toutes choses échangeables sont des capitaux de production ou de circulation ou de consommation ; de là on a pu dire que tel impôt frappe surtout la production et tel autre, la circulation ou la consommation.

Parmi les impôts qui frappent indirectement *la production*, on peut citer : l'impôt foncier, les patentes, l'impôt sur les machines, sur les animaux domestiques, etc., etc. ; *la circulation :* droits de douane et d'octrois, droits sur les transports, les timbres des effets de commerce, impôts sur les sociétés par actions, droits de succession, mutation, donation, prêts, hypothèques, en général droits d'enregistrement ; *la consommation :* droits sur les boissons, la contribution mobiliaire, portes et fenêtres, impôts sur la propriété bâtie.

On pourrait finalement définir *l'impôt : tout prélèvement opéré par l'État sur les revenus de la nation et constituant une répartition nouvelle en faveur des individus qui concourent à la production de la sécurité et au développement des richesses collectives de la nation.*

Dans la pratique on a divisé les impôts en *contributions directes* et *contributions indirectes.* Les premières sont des *impôts nominatifs ;* les autres, des *impôts impersonnels.*

L'impôt direct peut être variable, *impôt de quotité,* comme les patentes ; il peut être fixe, *impôt de répartition,* comme l'impôt foncier.

Les contributions indirectes sont toutes des impôts de quotité.

Le revenu d'un individu peut diminuer parce qu'un autre paie un impôt. Car, *tout contribuable a la tendance de faire porter aux autres le poids des impôts qu'il paie.* Comme tout le monde paie des impôts, il y a lutte à qui en supportera le moins.

Naturellement c'est le plus faible qui en paie le

plus, proportionnellement à la part qu'il prend à la production, à l'échange, à la consommation.

Les frais de production diminuent le revenu, l'impôt le diminue aussi; on est donc porté à considérer l'impôt comme faisant partie des frais de production, lesquels influent sur la valeur et le prix. L'impôt peut faire hausser les prix.

En principe, toutes les classes de la société étant solidaires de fait, tout impôt qui frappe directement une classe, frappe indirectement les autres classes. En d'autres termes:

Toute contribution qui est un impôt direct pour l'un peut constituer un impôt indirect pour l'autre. Par exemple, l'ouvrier, le commerçant de Paris, souffrent autant de l'impôt qui frappe les terres que du droit qui frappe les blés. Les impôts sur les consommations, la propriété bâtie, etc., font que les pauvres coûtent plus cher à entretenir d'une façon générale ; qu'ils trouvent moins facilement leur entretien dans les contrées riches, payant beaucoup d'impôts, que dans les pays pauvres, exempts d'impôts.

Les impôts qui pèsent sur les ouvriers constituent un élément de hausse des salaires, hausse dont les travailleurs ne profitent pas, à moins que les entrepreneurs, contraints par la force des choses, ne paient indirectement cet impôt.

Encore une fois, étant donnés deux individus, c'est *le plus faible qui aura, dans le mouvement général de la production, de la circulation, de la consommation, à payer le plus d'impôts proportionnellement à la part qu'il prend à toutes choses.* C'est une des raisons pour lesquelles le sort des dernières classes, des pauvres, des travailleurs, est souvent plus misérable dans les pays riches, fortement imposés, que dans les contrées pauvres, échappant aux impôts.

S'il est vrai que les charges pesant sur un individu retombent sur tous, *il est vrai aussi que l'impôt unique ne serait pas une iniquité, s'il existait.*

C'est en établissant et en dégrevant les impôts qu'on provoque des perturbations qui peuvent léser gravement les intérêts des uns en donnant des faveurs aux autres.

L'impôt *progressif* est celui qui frappe non pas la *quantité* des capitaux ou revenus, mais leur *puissance productive ;* l'expérience a prouvé que lorsque la quantité est en progression arithmétique, par exemple comme 3, 6, 9, 12, 15, etc., la puissance productive peut (mais ne doit pas nécessairement) se trouver en progression géométrique, par exemple comme 3, 9, 27, 81, 243, etc.

Dans cet exemple, l'impôt (progressif) serait *triplé* quand la quantité de revenus a *doublé.*

CHAPITRE XLVII

EMPRUNT, PAPIER-MONNAIE, DETTE

L'emprunt, comme l'impôt, est né de la force des choses. Il est probable que la dépense était faite, que la dette existait quand on a eu recours, pour la première fois, à l'emprunt.

Si la dette excédait le montant des impôts disponibles, il fallait payer un intérêt et pour cela augmenter l'impôt; et l'emprunt existait.

L'emprunt est la reconnaissance par l'État d'une dette existante ou à faire.

Dans tout emprunt il y a deux choses: il y a un *capital prêté ;* il y a un *intérêt à payer,* qui est ordinairement fourni par l'impôt.

Le rôle de l'État est de produire la sécurité et de développer les richesses collectives de la nation. Pour cela, il lui faut du *capital et du travail.* Une *partie de la nation* lui fournit le travail: ce sont les fonctionnaires, en un mot tous les salariés de l'État, lesquels ont un *revenu pour leur travail.*

Une autre partie de la nation lui fournit le capital : ce sont les créanciers de l'État, les porteurs de titres de rente à qui l'État donne *un revenu pour leur capital.*

Enfin, la plus grande partie de la nation fournit à l'État les revenus qu'il doit donner en échange du travail des fonctionnaires et du capital des rentiers.

L'emprunt comprenant un impôt, on peut répéter de l'emprunt tout ce qui a été dit de l'impôt. En ce qui concerne le capital prêté, l'emprunt peut être placé à l'intérieur, dans ce cas il *constitue une modification de plus à la répartition des richesses* du pays.

L'emprunt peut être placé à l'Étranger ; il aura pour effet une augmentation ou une diminution de la richesse nationale suivant que les dépenses auront été productives ou non.

La plupart des emprunts publics sont faits en vue de la sécurité (pour faire la guerre, créer des armées, réparer les suites de la guerre). Il n'est pas possible d'évaluer cet élément « sécurité » : donc il n'est pas possible de dire si un emprunt était utile ou non.

L'emprunt est une forme de l'échange.

L'emprunt public est un échange de capital fait par l'État et dont le revenu est ordinairement fourni par l'impôt.

Il y a deux espèces d'emprunts :

1° L'emprunt à intérêt, fait par titres à coupon ;

2° L'emprunt sans intérêt, fait par le papier-monnaie ou le cours forcé.

Nominalement le cours forcé est un emprunt sans intérêt ; en réalité, il constitue un emprunt à escompte, c'est-à-dire que l'intérêt est perçu au moment de l'échange. Lorsque le gouvernement se trouve dans des besoins pressants, il émet du papier-monnaie, il émet des billets par lesquels il se reconnait débiteur d'une certaine somme qu'il paiera en or et argent à un moment indéterminé.

Il déclare le cours forcé. Les particuliers percevront autant de fois l'escompte qu'ils accepteront les billets de l'État.

L'escompte sera inversement proportionnel au crédit de l'État.

CHAPITRE XLVIII

DOUANE, TRAITÉS DE COMMERCE

La douane est l'expression matérielle du système protecteur. L'influence de la douane est différente sur l'État, la nation, l'individu, l'humanité.

Considérée au point de vue de *l'État*, la douane est un emploi de la force contre l'Étranger non seulement sur le terrain économique, mais aussi sur le terrain des communications générales. La douane signifie encore perception d'un impôt; elle permet, en outre, à l'État de transformer un monopole légal en monopole de fait. Sans la douane, la régie du tabac, le monopole des poudres, etc., ne seraient pas possibles.

Pour la nation, la douane constitue la frontière économique. En ce sens, elle va contre l'instinct de la nation qui ne reconnaît pas de frontière. La douane constitue une modification à la circulation et à la consommation.

13

Pour l'individu, la douane constitue un monopole naturel ou un impôt, suivant qu'elle protège ses produits ou non.

Enfin, pour l'Étranger, *pour l'humanité tout entière*, toute douane est un arrêt de certaines branches et une modification à l'ensemble de la circulation universelle.

L'action de la douane peut être favorable à l'État et à un certain nombre d'individus ; elle est toujours contraire aux intérêts de la nation et de l'humanité entière.

Pour l'État, la douane est un emploi de la force ; et la force appelle la force. Tout acte de ce genre posé par un État provoque des actes de représailles de la part des autres États.

Le résultat final serait de couper complètement les communications d'une nation avec l'autre. Les États, c'est-à-dire les gouvernements s'en trouveraient peut-être bien, mais les nations ne pourraient le supporter.

Une nation ne peut exister seule, isolée ; *aucune force du monde ne pourrait empêcher une nation de communiquer avec l'autre*.

Aussi les États ont été forcés d'apporter des tempéraments au système le plus prohibitionniste : ils ont conclu les *traités de commerce*.

Dans les traités de commerce, un État cherche

presque toujours à imposer à l'autre *la clause de la nation la plus favorisée*, par laquelle une nation s'engage à faire jouir l'autre de toutes les *faveurs* (diminutions de tarif) qu'elle accorde ou accordera à une troisième nation.

Rien de plus compliqué, de plus difficile et, en même temps, rien de plus futile que les négociations que les États engagent pour obtenir les conditions qu'ils croient les meilleures, pour concéder un minimum d'avantages.

La contrebande est l'expression matérielle de la résistance que la nation oppose aux mesures de protection et de prohibition du gouvernement. La contrebande est toujours en raison directe de la protection.

Elle fournit une preuve de plus de l'antagonisme qui existe ordinairement entre une nation et son gouvernement.

CHAPITRE XLIX

LES ARMÉES PERMANENTES

La création des armées permanentes est devenue possible par suite du développement économique et de l'emploi général des machines qui rendent une foule d'hommes inutiles à la production.

L'exemple des États-Unis ne prouve rien ; car le territoire de l'Union est de dix à vingt fois moins peuplé, proportionnellement à la superficie, que tel pays d'Europe ; et les États-Unis, malgré leur développement prodigieux, sont loin d'avoir atteint la prospérité moyenne de l'ancien continent.

Les Américains du Nord sont un peuple jeune et ne peuvent être mis sur le même rang que les vieilles nations de l'Europe. Presque toutes ont des siècles de civilisation derrière elles. Le temps a accumulé sur le territoire et dans l'instinct de ces nations des richesses matérielles et morales que les Américains mettront des siècles à créer. Étant donnée l'existence de ces richesses, il doit être fait un travail de conservation, de protection.

Le but de l'armée est de protéger la nation et le territoire. Elle aide à la production de la sécurité. Que la sécurité coûte plus cher en Europe qu'en Amérique, c'est un fait fort naturel. Les frais de toute production sont généralement plus élevés en Europe qu'en Amérique.

En moyenne, les armées permanentes de l'Europe sont levées à raison d'un homme sur cent habitants.

En supposant même que l'armée ne soit pas indispensable à la conservation des richesses, on aurait de la peine à prouver qu'elle cause de grands torts à la production. L'effet nuisible de l'armée est de soustraire des forces à la production (forces qui peuvent être remplacée par les machines) et de donner lieu à un impôt, c'est-à-dire à une modification de la répartition.

Le motif le plus sérieux de l'existence des armées permanentes doit être cherché dans l'instinct des nations.

L'armée permanente est l'expression matérielle de l'état de guerre latente qui existe entre les nations.

CHAPITRE L

LA GUERRE

Dans toute production il y a une destruction ; n'y a-t-il pas fatalement une production dans toute destruction ? Nous répondons oui.

La guerre est une destruction ; elle est également une production, plus petite naturellement que la destruction ; mais la guerre même rétablit l'équilibre en enlevant la vie à beaucoup d'individus.

La supériorité des guerres modernes sur les anciennes réside dans le fait qu'elles durent moins longtemps et qu'elles font périr plus d'hommes qu'elles ne détruisent de choses. Du reste, il ne faut pas se laisser aller à discuter l'utilité de la guerre en général, *car la guerre est un fait nécessaire ;* il ne peut être question d'utilité quand il s'agit de nécessité. Au point de vue économique, la guerre a pour effet de couper court à une multitude de consommations et de travaux non productifs qui prennent, en temps de paix, une importance exagérée. La guerre aide puissamment la concurrence à abattre les fortunes factices, à ruiner quantité de monopoles et privilèges abusifs. La guerre rend égaux devant la force matérielle les hommes qui, en temps de paix, se trouvaient dans les conditions les plus inégales. Elle fait plus *pour la fraternité des hommes et des peuples* que la meilleure législation. Seule, elle est capable de porter d'une nation à l'autre les grandes idées; seule, elle est capable de rénover les coutumes des peuples. La guerre ouvre de nouveaux débouchés au commerce et vivifie les industries.

La guerre empêche la crise; elle constitue la solution la plus rapide des crises existantes.

Une crise qui se résout naturellement, pacifiquement, frappe surtout les dernières classes de la société, la population ouvrière.

La guerre retombe également sur toutes les classes et, ainsi, ne fait pas expier à une seule les fautes commises par toutes.

En règle générale, après toute guerre, il y a *une reprise des affaires*, qui est l'opposé de la crise.

CHAPITRE LI

PRINCIPES DE POPULATION

L'espèce humaine, pour être douée de raison, n'en est pas moins soumise aux conditions générales qui régissent toutes les espèces animales.

On connaît la *loi de l'extension et de la compréhension*, déduite de la loi plus générale de la simultanéité et de la successivité.

Dans un *espace* donné, le nombre des individus d'une espèce est d'autant *moins étendu* que cet individu *comprend* plus d'éléments différents dans sa constitution ; réciproquement et inversement.

Dans un *temps* donné, la multiplication d'une espèce est d'autant *moins étendue* que l'individu *comprend* plus d'éléments dans sa constitution ; réciproquement et inversement.

Énoncée d'une façon générale, la loi est que *l'extension de l'espèce est en raison inverse de la compréhension de l'individu.*

L'infusoire qui est un des êtres les plus simples, qui a une compréhension minime, existe en un espace donné par milliards et se reproduit en un temps donné par milliards.

L'éléphant, dont le corps est énorme, a beaucoup de compréhension; l'espèce, au contraire, n'a qu'une extension réduite, et la reproduction en est limitée.

Chez l'homme, la compréhension est naturellement très grande et augmente encore par la civilisation ; l'extension de l'humanité est donc limitée et le sera toujours.

La terre n'est pas faite pour nourrir au-delà d'une certaine quantité d'êtres de la même espèce.

Entre les êtres animés il existe une double lutte pour la vie :

1° La lutte d'une espèce contre toutes les autres ;

2° La lutte de l'individu, de la famille, de la race contre les individus, les familles, les races de la même espèce.

Il n'y a pas une seule espèce d'êtres qui ne fasse la guerre directement au moins à une autre espèce, et indirectement à toutes.

Lorsqu'une espèce devient trop nombreuse et que son existence n'est plus sérieusement menacée par une autre espèce, les individus se font la guerre entre eux.

L'homme ne pourra jamais se soustraire à la loi

inéluctable qui pèse sur tous les êtres animés. Pour vivre, il faut tuer: pour faire vivre, il faut mourir.

Dans ses fluctuations, la population humaine suit la marche aveugle de toutes les espèces animales.

La raison et le libre-arbitre n'ont aucune action sur le mouvement de la population et n'influent pas sur l'accroissement des hommes.

L'extension de l'espèce varie inversement à la compréhension de l'individu, aussi bien dans le temps que dans l'espace. Aucune espèce ne reste stationnaire. Toutes naissent, progressent, arrivent à leur maximum d'extension, puis déclinent et finalement disparaissent, pour faire place à d'autres, mieux adaptées aux conditions nouvelles de la vie.

La civilisation agit sur l'extension de l'espèce humaine et sur la compréhension de l'individu. Elle peut avoir une influence favorable sur l'extension de l'espèce.

Elle va à la découverte des parties du monde qui pourraient recevoir une nouvelle population, elle facilite par le progrès des sciences et des arts l'établissement de colonies.

En revanche, elle perfectionne l'homme comme individu, elle le rend plus complet, elle lui donne de nouveaux besoins ; en un mot, elle *augmente sa compréhension* et, ainsi, elle influe défavorablement sur l'extension de l'espèce.

L'expérience a constaté que la force d'expansion d'une classe sociale, d'un peuple, est d'autant plus· grande que cette classe sociale, ce peuple, sont moins civilisés.

Lorsque la population s'accroît, l'ensemble des besoins, des instincts augmente non seulement en *quantité*, mais encore en *puissance* et en *variété*. Il faut plus de choses à un homme civilisé pour vivre qu'à un sauvage. Toute population qui tend à augmenter plus rapidement que la production est décimée par la guerre ou par la concurrence (la misère).

La civilisation a également pour effet de développer l'instinct de la conservation individuelle et d'amoindrir l'instinct de la reproduction.

CHAPITRE LII

LA RELIGION, L'ÉTAT ÉCONOMIQUE, LA NATIONALITÉ

L'INTERNATIONALE

Il est impossible de méconnaître l'action réciproque de la religion sur l'état économique et sur la nationalité.

Dans l'islamisme, la religion se confond avec la nationalité et l'état économique.

L'islamisme n'admet pas la propriété foncière individuelle; l'individu ne peut posséder qu'un droit de culture.

Le judaïsme comporte, encore de nos jours, un état économique particulier. Le Juif n'est jamais agriculteur, rarement il est propriétaire foncier. Son instinct l'a toujours porté vers le commerce, vers l'échange.

Le catholicisme, à son début, constituait, comme les autres religions, à la fois une doctrine religieuse, une certaine nationalité et un état économique. En

s'étendant, la religion catholique a complètement
perdu son caractère politique et économique, et, de
nos jours, les chrétiens se trouvent appartenir aux
nationalités les plus différentes et avoir les états
économiques les plus opposés.

Que faut-il, somme toute, pour former une nation?

Il faut qu'il y ait un plus ou moins grand nombre
d'individus, de familles, ayant des instincts communs;
la quantité des instincts n'y fait rien, pourvu qu'ils
soient vivaces.

Il ne faut pas nécessairement que tous ces individus habitent le même territoire. Les grands terri-
toires diffèrent d'ailleurs dans leurs parties. La
nationalité peut exister avec un territoire morcelé.
*A lui seul, l'état économique forme un lien très
solide entre les membres d'une de ces associations
naturelles, appelées nation.*

La question est donc celle-ci :

*L'internationale, ou l'association universelle des
travailleurs,* qui est le résultat d'une situation économique semblable, peut-elle arriver à former une
véritable nation?

Oui, pourvu qu'elle se constitue en État, comme
toutes les nations, qu'elle ait une direction, un
gouvernement, des lois et un pouvoir exécutif.

———

CHAPITRE LIII

LA DÉCADENCE

La décrépitude chez l'individu se termine par la mort, par la disparition du centre dirigeant, par la transformation en éléments indépendants l'un de l'autre, par la décomposition des parties constituantes.

La décadence d'une nation finit de toute façon par la transformation. L'État meurt, mais la nation continue à subsister, morcelée, en ce sens qu'elle concourt à la formation de plusieurs autres nations ou qu'elle se fond entièrement dans une nation nouvelle et perd son caractère primitif.

Rien n'est plus facile que de constater dans l'histoire le phénomène de la décadence chez des peuples qui n'existent plus ni comme nation ni comme État, par exemple chez les Romains, ou qui n'existent plus comme État, par exemple chez les Polonais.

Autre chose est d'avancer que telle nation exis-

tante est en décadence et de prévoir le sort qui lui
est réservé.

En général, lorsqu'une famille, une ville, une nation
est en décadence, l'instinct de production s'affaiblit ;
l'instinct de reproduction disparaît ; la volonté des
individus s'émousse ; ils s'abandonnent à l'action du
milieu factice dans lequel ils vivent.

En même temps, l'instinct de conservation individuelle se fortifie et grandit au-delà de toute mesure.
L'homme a peur de s'user ; il recule devant le travail et la peine. D'ailleurs, l'accumulation des
richesses rend toute nouvelle production superflue.
La conservation et l'épargne deviennent l'unique
préoccupation des uns, tandis que le besoin de jouissances et de luxe, la passion de la destruction
s'emparent des autres.

La nation a perdu sa vigueur, elle ne s'accroît
plus. Au premier choc, elle fond devant l'ennemi,
« le barbare, » qui démolit en un jour la civilisation
vermoulue, sur le point de s'écrouler toute seule, de
la nation affaiblie. Incapable de résister aux coups
du dehors, elle use ses dernières forces dans des
querelles intestines ; elle cesse d'exister comme
État.

*La guerre peut précipiter la décadence d'une
nation*, mais elle n'en est jamais la cause. Au contraire, la guerre seule est capable de remuer une

nation de fond en comble, de la remettre dans une autre voie, de la sauver, si elle peut être sauvée.

TABLE DES MATIÈRES

——

Tours. — Imprimerie DESLIS Frères, 6, rue Gambetta.

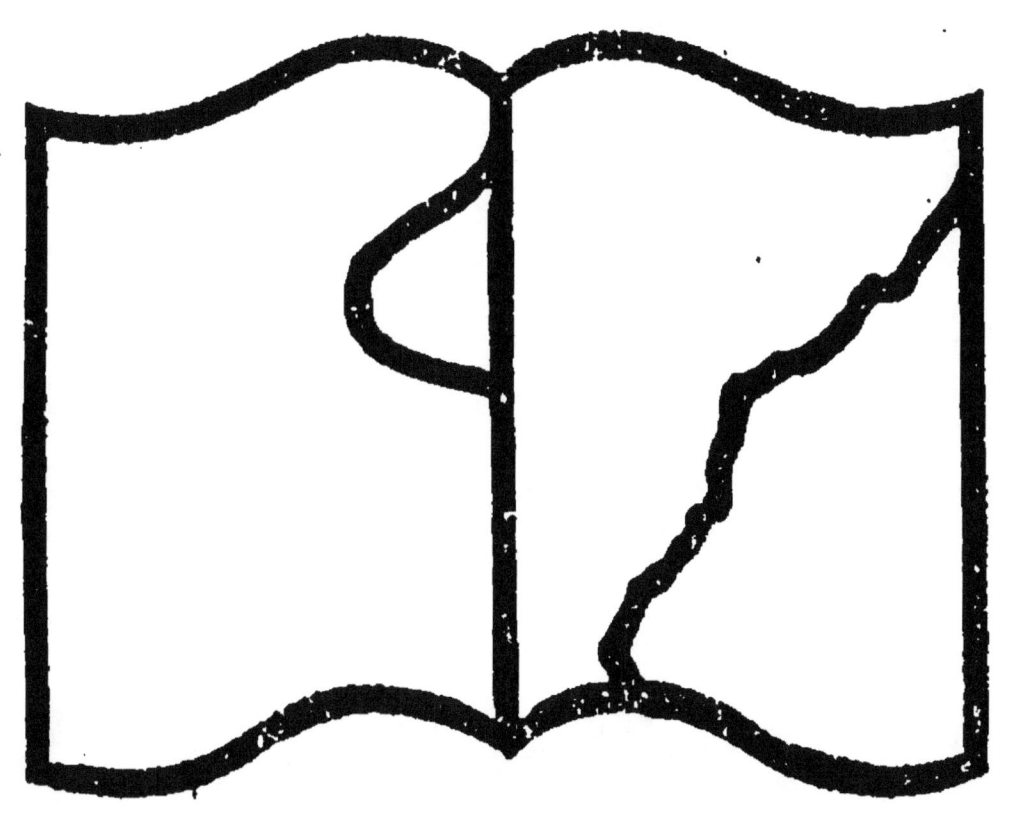

www.ingramcontent.com/pod-product-compliance
Lightning Source LLC
Chambersburg PA
CBHW051244050726
47594CB00001B/303